丛书编委会

大家精要

麦迪逊

褚向磊 著

madison

陕西师范大学出版总社

图书代号 SK17N0241

图书在版编目（CIP）数据

麦迪逊/褚向磊著. —西安：陕西师范大学出版
总社有限公司，2020.1（2024.1重印）
（大家精要）
ISBN 978-7-5613-9803-6

Ⅰ.①麦…　Ⅱ.①褚…　Ⅲ.①麦迪逊—传记
Ⅳ.①K837.127=41

中国版本图书馆CIP数据核字（2018）第034952号

麦迪逊　MAIDIXUN

褚向磊　著

责任编辑	陈柳冬雪	
责任校对	郑若萍	
封面设计	张潇伊	
出版发行	陕西师范大学出版总社	
	（西安市长安南路199号　邮编710062）	
网　　址	http://www.snupg.com	
印　　制	永清县晔盛亚胶印有限公司	
开　　本	650 mm×930 mm　1/16	
印　　张	10	
字　　数	100千	
版　　次	2020年1月第1版	
印　　次	2024年1月第2次印刷	
书　　号	ISBN 978-7-5613-9803-6	
定　　价	45.00元	

读者购书、书店添货或发现印刷装订问题，请与本公司销售部联系、调换。

电话：（029）85303879　传真：（029）85307864　85303629

目 录

序　言

　　詹姆斯·麦迪逊，美国早期著名政治家和思想家，伟大的立宪主义者，《联邦党人文集》的作者之一，因在1787年制宪会议上发挥了重要作用而被尊称为"美国宪法之父"。麦迪逊年轻时就参加了北美殖民地争取独立的战争；在邦联国会任代表时期，逐渐成为强大的联邦政府的主要提倡者之一；在1787年制宪会议期间为《联邦宪法》的制定作出了重大贡献；在努力使其得到批准期间，与他人合著了《联邦党人文集》为该宪法辩护。1789年，麦迪逊又主持制定了《联邦宪法》的前十条修正案（《权利法案》）。在其后的政治生涯中，因与托马斯·杰弗逊在立国之策和政治主张上基本相近，便与其一起创立了民主共和党，并在较长时期内成为该党的实际领袖。

　　麦迪逊献身公共服务长达五十余年，一生中经历了许多重大事件，并且扮演了许多重要角色。他是大陆会议中最年轻的代表、费城制宪会议的重要参加者、制宪会议最佳记录员、《联邦党人文集》合著者、弗吉尼亚宪法批准大会中的亲宪派领袖、《权利法案》的主要作者、弗吉尼亚宗教信仰自由的支持者、杰弗逊总统的首席顾问和国务卿、两届美国总统，以及弗吉尼亚大学校长。作为一个政治家，麦迪逊基本是成功的，尽管在两届总统任期内并没有十分显赫的政绩，但他忠于职守，带领美国人民沉着应对第二次独立战争，使美国在通往世界性大国的道路上大大前进了一步。作为一个思想家，麦迪逊则是极为成功的，因为他的思想不仅对美国人民，而且对世界各国人民的政治思想和实践都产生了十分深远的影响。毫不夸张地说，麦迪逊所提出的共和的新定义，联邦共和国，代议制共和，党争的危害和控制、防止多数暴政，复合制的分权制衡，麦迪逊式民主，等概念和相关理论，已然成为现代政治研究者的必备知识。

作为美国国父中的一员，麦迪逊一生中多数时间从事政务，并非一位书斋里的学者。尽管年轻时接受了良好的教育，熟读西方古典著作和同时代的启蒙著作，但其后因忙于政务，并没有花费大量时间进行理论研究，尤其是纯理论的专门研究和著述。他的理论思考总是带有鲜明的实践色彩，将一些普遍问题的观点基本融合在对实际政治问题的观察和思考之中。麦迪逊思想最具创造力的时期是 18 世纪 80 年代，集中体现在《联邦党人文集》的所著文章之中。作为 1787 年《联邦宪法》整体框架和基本精神的主要提出者和辩护者之一，在这些文章中，麦迪逊既围绕为《联邦宪法》辩护这一现实任务，充分阐述了自己的观点，也在其中论述了自己对于若干普遍性问题的深入思考。这些文章充分展现了麦迪逊思想的精华，因此本书的主要内容就是围绕麦迪逊在《联邦党人文集》所讨论的一些基本问题，并进而展开的。

众所周知，基督教新教在美国从殖民地时代到今天的历史中一直发挥着十分重要的作用，宗教自由问题在宗教色彩浓厚的美国也引发了无数的争论，在美国建国前后，宗教自由问题更是当时公共舆论的焦点之一。麦迪逊在这一问题上始终有着十分明确的立场，他发表的《教税抗议录》（又称《反宗教税之陈情和抗议书》）更被公认为是捍卫宗教自由的传世名篇。

在他起草的《联邦宪法》修正案中，第一条也正是关于宗教自由的。他在长期的政治实践中也始终以坚定的立场维护宗教自由，宗教自由思想事实上也构成了麦迪逊思想的重要组成部分。

1787年美国制宪会议是近代历史上人类的第一次制宪会议，杰弗逊称之为"半人半神的会议""美国历史上最卓有成效的一次集会"。《联邦党人文集》的另一位主要作者汉密尔顿则用精辟的语言指出了第一次制宪会议的重大意义，他认为通过它将决定"人类社会是否能够通过深思熟虑和自由选择来建立一个良好的政府，还是他们永远注定要靠机遇和强力来决定他们的政治组织"。时至今日，1787年《联邦宪法》及后续修正案依旧是美国政治生活中的最高权威，召开制宪会议也成为很多国家在发生政治变革之后的一项重要活动，1787年美国宪法也自然地成为众多国家制宪时借鉴的典范。因此，对麦迪逊的政治思想进行研究，不仅有着学术和思想上的重要意义，而且更有着十分重要的实践意义。

第 1 章

宪法之父

詹姆斯·麦迪逊的祖先约翰·麦迪逊在 17 世纪中叶从英格兰移居美国，他们家族最初居住在弗吉尼亚州的马特波尼河河畔，最后定居在该州的奥兰治县。在麦迪逊出生前，麦迪逊家族在这里拥有种植园已经超过一个世纪，麦迪逊写道："我的祖先都是种植园主，属于有名望但并不是最富有的阶层。"他的父亲老詹姆斯·麦迪逊（1723~1801）经过努力成为奥兰治县最大的土地拥有者和奴隶主，并且是当地维护秩序的法官、教会的教区代表和县里民兵的指挥官。麦迪逊在父亲的庇护下长大，成年以后，也一直由欣赏他天赋的父亲供养，直到他 50 岁时父亲去世。老麦迪逊性格刚毅、处事冷静、事业心强，麦迪逊从他那里继承了善良、严谨和刚强的美德与品质。他的母亲埃利诺·麦迪逊（1731~1829）性格豁达、身体健壮，与麦迪逊的关系非常亲密，老年后一直与儿子生活在一起，98 岁时无疾而终。麦迪逊是他们家七个孩子中的长子，有三个弟弟和三个妹妹。他一生都生活在由家族关系所建立起来的网络之中，给麦迪逊主持洗礼的牧师及三位教父教母都是他的亲戚。麦迪逊没有亲生子女，他的妻子多莉在与他结婚前便育有一子，其后成为他的继子。

1751年3月16日，詹姆斯·麦迪逊出生于弗吉尼亚州金乔治县康韦港的外祖父家中，他出生时身体十分孱弱，出生后第二十一天即在汉诺威教区的圣公会教会接受了洗礼。麦迪逊在祖父留下的蒙彼利埃种植园里长大，这里大约有两千公顷土地，水草丰茂，环境宜人，麦迪逊大半生为公务而奔波，但也经常在此享受恬静的田园生活。同"烟草殖民地"弗吉尼亚州的其他种植园一样，蒙彼利埃种植园也是奴隶种植烟草，尽管如此，麦迪逊从少年起就对奴隶制抱厌恶态度，他的童年玩伴就是黑人奴隶，成年后也与很多奴隶关系密切。

麦迪逊父母对他的教育极为重视，由于身体虚弱，他的启蒙教育是在家中进行的，母亲和祖母便是他的启蒙老师。麦迪逊11岁时开始上学，父亲送他到当地名师唐纳德·罗伯逊的学校就读，学习拉丁文、希腊文、算术、代数、地理、文学、法文等科目。罗伯逊先生治学虽有几分刻板，但十分严谨且讲求实效，五年的学习生涯使得麦迪逊获益终身。16岁时，麦迪逊又拜住在他家的圣公会牧师托马斯·马丁为师，在学习人文知识和自然科学的同时，认真研究了神学，并且可能在这一时期内确立了强烈支持独立的立场。1769年，18岁的麦迪逊进入位于普林斯顿的新泽西学院（现在的普林斯顿大学）学习，这是一所长老会创办的学院，他之所以选择离家较远的新泽西学院而非较近的圣公会的威廉玛丽学院，可能是因为新泽西学院的基督教正统性、亲独立倾向以及宗教信仰自由立场更符合麦迪逊一家的立场。当麦迪逊在新泽西学院就读时，该校校长是来自苏格兰的威瑟斯彭牧师，他给学生们带来了最新且富于启迪性的一些课程。这位校长对麦迪逊特别关注，因为他发现麦迪逊是一位能力极强且颇有献身精神的年轻人。麦迪逊在完成两年的常规课程之后又在学校多留了一年，私下跟随威瑟斯彭牧师继续学习神学和希伯来文法，多年后他们在国会共事时还保持着此时所建立的密切关系。这一时期他学习的范围十分广泛，涉猎过自然科学和社会科学的许多领域，他精通古典著作，也读过洛克、伏尔泰与孟德斯鸠等启蒙思想家的作品，并且深受启蒙思想的影响。1772年春，麦迪逊因病弃学返乡，父亲希望他承担种植园的管理和经营工作，扩大祖上留下的产业，但青年麦迪逊另有壮志，他决心继续在法律和政治等领域进行研读，这为他将来在政治舞台上施展才华打下了坚实的基础。

成年后的麦迪逊身材不高，约有五英尺四英寸（163cm），体形单薄，仪表也谈不上英俊或威武，棕发蓝眼黄面，鼻子上有冻伤的痕迹。据他人描述，麦迪逊衣着整洁考究，为人腼腆谨慎，还有些神经过敏，给人的第一印象并不佳。但与他相处稍久，就会发现他具有坚韧的个性、深邃的洞察力和超人的智慧。他处事机敏灵活，但在大的原则上从未动摇，而这无疑是一位深孚众望的政治领袖应具有的最基本的素质和品格。与他关系密切的加勒廷如此评价他："麦迪逊先生……耗费许多时间才能确定自己的立场，一旦风暴来临，却立场坚定。"

1774年，他取得了律师资格，但从未从事这一职业。在取得律师资格后，父亲再次动员麦迪逊继承家业，肩负起管理种植园的责任，但他仍未接受，不久就投入反抗英国殖民压迫的革命浪潮之中。同年，麦迪逊被选为奥兰治县安全委员会委员，独立战争爆发后，他立即参加了该县的民兵团并成为民兵团团长，而他父亲则是该县民兵的总负责人，作为他父亲旗下最高军衔的军官，他参与了军事演习和实弹射击训练。

1776年，麦迪逊进入弗吉尼亚州宪法和人权宣言委员会，鉴于他具有丰富的法学和政治学知识，他的主要工作是起草各种法律文书和一份十分重要的《权利法案》。也是在这一年，年仅25岁的麦迪逊入选第一届弗吉尼亚州议会成员，参加了起草拟州宪法的工作。在这次会议中，麦迪逊法学方面的才华和爱国精神得到了初步展示。此时他还与刚从大陆会议载誉归来的杰弗逊相识，并从此开始了两人终生的友谊。在州议会中，他通常支持杰弗逊提出的开明议案，并成为杰弗逊的《弗吉尼亚宗教自由法案》最强有力的支持者。

1777年4月，麦迪逊竞选连任州议员失败，原因是他过于清高，不善于逢迎讨好选民，此时与他有姻亲关系的州长帕特里克·亨利帮了他一把，派他在州务委员会任职。麦迪逊在该委员会任职两年，与州长通力合作，在处理战时事务方面成绩卓著，获得了"勤勉、判断准确以及文笔优美有力"的赞誉。1779年12月，应华盛顿以"最好和最有才能的代表"替代"平庸的代表"的呼吁，弗吉尼亚州议会选举麦迪逊出任该州的大陆会议代表。在此时，革命资金困难与通货膨胀成为两个最重要的问题，麦迪逊在离家参加大陆会议前研究了财务问题，并写下一篇名为《金钱》的论文。1781年各殖民地签署的《邦联条例》生效，其后邦联国会成立。在任职国会期间，麦迪逊主张提高税收以增加国家的收入，争取使乔治敦成为国家的首都；在外交上，他赞同分化欧洲列强，采用孤立和打击英国的策略；虽然与杰弗逊私交甚笃且赞同他的基本政治原则，但麦迪逊反对松散的邦联制，主张加强中央的权力。他初到大陆会议时年仅29岁，寂寂无名，但两年之后便成为一位享誉全国的政治家和法学家，因学识渊博且辩才出众，他自然地成为邦联国会中的领袖人物之一。

1782年，31岁的麦迪逊与15岁的基蒂·弗洛伊德坠入情网并确定了结婚日期，在给杰弗逊的信中，麦迪逊描绘了自己的欢乐以及对幸福生活的憧憬，为此他甚至准备放弃大陆会议的工作，但第二年基蒂·弗洛伊德却突然解除了婚约并与他人结婚，这件事使麦迪逊的情绪一度跌到谷底。

1783 年，麦迪逊重返弗吉尼亚州议会，全身心地投入杰弗逊开创的民主改革事业之中，经过他的努力，《弗吉尼亚宗教自由法案》最终于 1786 年完成了立法程序。在州议会中，他领导了反对在弗吉尼亚州重建主教派教会的斗争，挫败了某些议员提出的违反政教分离思想的议案；他还极力促进了对外贸易和本州资源的开发工作；他还多次呼吁不得对异端定罪和对公职人员进行宗教考核，提出了相关法案并经议会审议通过；这一时期他还兼任州商务委员会主席，致力于提高本州各港口的等级以加强同外界的竞争。

　　参加这一时期州议会的工作之后，麦迪逊对松散邦联体制可靠性的怀疑进一步加强，更加坚持建立强大联邦的主张，他明确指出，脆弱的邦联制，其权力过度松散，使美国难以应付来自国内外的巨大压力。麦迪逊的这些言论和观点不仅得到了乔治·华盛顿的赞赏，甚至一些极端的联邦主义者也因此把他视为同路人。1786 年，麦迪逊参加了安纳波利斯会议，此次会议虽然为讨论州际贸易问题而召开，但它的重要之处在于会议决定在次年召开一个讨论修改《邦联条例》的各州会议，麦迪逊正是推动此次会议作出这一决定的关键人物之一。安纳波利斯会议结束后，麦迪逊到弗农山庄向华盛顿汇报了此次会议的情况，劝说他接受自己的主张并亲自参加制宪会议。

　　1787 年 5 月 25 日至 9 月 17 日，美国制宪会议于费城召开。麦迪逊带着一套宏大的制宪方案前来参会，并在这个被杰弗逊称为"半人半神的会议"中扮演了举足轻重的角色，最终成为新的联邦宪法的总设计师之一。18 世纪 80 年代，麦迪逊思想的创造力就集中体现在他对《联邦宪法》的贡献上。会议召开前，他撰写了《古今邦联制》和《美国政治制度的缺陷》两篇论文，集中论述了废除邦联、加强中央权力的必要性。会议召开期间，他草拟的《弗吉尼亚方案》将会议引上制定新宪法的道路，且该方案成为讨论新宪法的蓝本；他为建立一个联邦制国家在会议上慷慨陈词，起草了大部分宪法条文。他主张加强中央的权力，在联邦政府中实行分权制衡原则，建立具有民意基础的两院制国会体系。但他并不同意汉密尔顿等极端联邦派的主张，而主张建立一个能在中央与各州之间层层分权的联邦体系，确立司法部门的独立地位，并提出应由选民直接选举产生众议员。会议期间，麦迪逊还完成了最完整和权威的制宪会议记录，有人如此称赞这一贡献，"即使麦迪逊不再做其他任何事情，他的记录的完整、准确以及没有偏见，将使它成为一个永久的奇迹"。麦迪逊的思想主张和实际活动对《联邦宪法》都产生了巨大影响，他因此也获得了"宪法之父"的美誉。

为了使新宪法在弗吉尼亚州得到批准，应华盛顿的强烈要求，麦迪逊参与了争取新宪法在弗吉尼亚州得到批准的运动。在当时的弗吉尼亚州，反对新宪法的势力相当强大。通过竞选，麦迪逊进入了弗吉尼亚州的新宪法批准大会，会上他不仅成了赞成批准派的领袖，而且还指导了会议辩论。麦迪逊有力地为联邦制和分权原则作辩护，他一再强调新宪法将给国家带来安全、稳定和繁荣，经过极其激烈的斗争，宪法在弗吉尼亚州最终得到批准。在宪法批准运动中，麦迪逊还会同纽约州的汉密尔顿和杰伊写了一系列文章为新宪法辩护，着重说明新宪法对于美利坚民族的和平与繁荣有着十分重要的意义。他们一方面强调它优于《邦联条例》，另一方面努力消除人们对加强政府权力的恐惧心理。这些文章后来被编入《联邦党人文集》，并且时至今日都是对《联邦宪法》的权威性解释，麦迪逊的几篇最精彩的论文更是其中的精华部分。当时麦迪逊为此也付出了政治上的代价，因为他在弗吉尼亚州的宪法批准大会上冒犯了之前曾帮过他的帕特里克·亨利，所以在后来的联邦选举中遭到亨利的强烈反对，最终他在弗吉尼亚州1789年的选举中未能进入参议院，后来经过激烈竞争才得以进入众议院。在争取新宪法批准的过程中，麦迪逊逐渐接受了反联邦党人提出的在宪法中加入《权利法案》的要求，并在第一届国会中参加了起草《权利法案》的工作，成为系统陈述《权利法案》并保证其通过的人。在1791年12月15日，第一届国会通过了《权利法案》（宪法前十条修正案）。

在众议院任职早期，麦迪逊是华盛顿总统的亲信和重要助手，这主要是由于他在制宪运动中的杰出表现给华盛顿留下了极深的印象。他在建立政府行政部门的过程中为华盛顿总统出谋划策，极力维护行政机构的权威和独立地位，华盛顿总统这一时期的一些重要文件也出自麦迪逊之手，如他的就职演说和国会答词。麦迪逊也在国会中提出过许多重要的法案，其中一些被通过生效。麦迪逊的卓越才能和巨大影响使许多议员将他视为"我们的第一人"，他在众议院中实际上扮演着议长的角色。不过由于在一些重大问题上的分歧，华盛顿与麦迪逊的密切关系未能持续很久，1793年华盛顿总统第二任任期开始后，两人便分道扬镳。美国建国后，以汉密尔顿为代表的联邦主义与以杰弗逊为代表的民主主义很快就发生了冲突，两人及其支持者在很多重大问题上都有着严重分歧，并产生激烈的党派之争。麦迪逊此时在许多问题上与杰弗逊观点比较相近，又由于二人私交甚笃，所以他们很快就成为坚定的政治盟友。他们两人都反对汉密尔顿的财政计划，认为它会使大资产阶级拥有特权从而控制联邦政府，危害各州和人民的权利；他们还认为共和政府应建立在人民的美德和农业经济之上，政府的统治应该更多地依靠人民，这种主张也与汉密尔顿建立英国式贵族政体的观点大相径庭。随着时间的推移，汉密尔顿和杰弗逊周围逐步形成了美国最初的两大政党——联邦党和民主共和党，而由于出色的组织能力，麦迪逊成了民主共和党的实际组织者。

1789 年法国大革命爆发，麦迪逊和杰弗逊都比较同情法国大革命，认为它是美国理想在世界的传播。麦迪逊对 1794 年美英签订的《杰伊条约》颇有微词，认为这个条约是对英国的屈从，美国将为此付出巨大代价并导致美法关系恶化。

1794 年 9 月 15 日，43 岁的麦迪逊与 26 岁的寡妇多莉·佩恩·托德在西弗吉尼亚州杰弗逊县的海尔伍德举行了婚礼，1797 年二人定居于蒙彼利埃。多莉女士俏丽活泼、举止优雅大方、待人热情诚恳，她的个人魅力为麦迪逊的事业增色不少，人们普遍认为她是早期美国第一夫人中的佼佼者。

1797 年约翰·亚当斯出任总统后，联邦政府表现出明显的党派性，麦迪逊遂退职回乡，专注于农耕和扩建房舍，在得知政府通过了四项摧残民权的法案（《归化法》《客籍法》《外侨法》《惩治叛乱法》）后，他认为共和原则和人民的民主权利受到了严重威胁，遂重回政坛。1798 年，他为弗吉尼亚州议会起草了《弗吉尼亚决议案》，抨击《外侨法》和《惩治叛乱法》，指责亚当斯政府实行政治专制，违背了联邦宪法的基本精神和民主原则。《弗吉尼亚决议案》旨在保障公众的权利免遭联邦政府的侵害，麦迪逊保持了他一贯的平衡色彩，既关注对州权的保护，又反对州权至上。在麦迪逊起草《弗吉尼亚决议案》的同时，杰弗逊也起草了《肯塔基决议案》，共同反对联邦党人的倒行逆施。

1799 年，麦迪逊重返弗吉尼亚州议会，同时他团结各州的反联邦党人力量，反对亚当斯政府摧残民权的政策，并为杰弗逊当选总统出谋划策。1801 年杰弗逊出任总统后，将一批忠于共和原则且有能力的人充实进联邦政府，麦迪逊被委以重任出任国务卿，艾伯特·加勒廷被任命为财政部长，虽然他们个性迥异——杰弗逊是理想主义者，加勒廷是现实主义者，麦迪逊则是个中规中矩的实干家，但他们在工作中密切合作，形成了杰弗逊内阁的"三驾马车"。在麦迪逊任国务卿期间，美国政府对外奉行孤立外交政策，大幅度精简驻欧的外交机构，尽力避免卷入欧洲的纷争。1803年，杰弗逊和麦迪逊灵活解释宪法并采取果断措施，从法国手中和平购买了整个路易斯安那地区，使美国的领土面积扩大了一倍，同时他们还设法解决了北非海盗劫掠美国商船的问题。不过此时的美国仍是一个弱小的新生国家，尚无力保护自己的海上航运，面对英法的海上侵扰，外交努力常常不能奏效。为了维护美国的中立国地位，麦迪逊草拟了《禁运法案》以断绝与欧洲的贸易，但这项措施对美国经济造成了损害，效果也不显著，当公众对该法案普遍表示反对时，麦迪逊下令废止了这项法令。杰弗逊总统在卸任前的最后几个月里处于半退休状态，一般把国家政务交给麦迪逊和加勒廷处理。

在1808年大选中，杰弗逊总统推荐麦迪逊为接班人，在作出了废除禁运的承诺之后，麦迪逊得到了绝大多数选民的支持，在总统大选中以一百二十二票对四十七票的绝对优势击败联邦党人的候选人查尔斯·平克尼，顺利当选第四任美国总统。1809年3月4日，58岁的麦迪逊就任总统，"弗吉尼亚王朝"（包括麦迪逊在内的美国前五任总统中有四位来自弗吉尼亚，故有此称）得以形成。麦迪逊上任后受党内外反对势力敌视，因而在组阁时不得不作出妥协，但事实证明这没有给他带来一个得心应手的内阁班子，其中一些重要成员如国务卿史密斯给他的施政带来了不少麻烦。麦迪逊就任总统时，美国面临的国际环境十分险恶，英法两国在海洋和陆地进行全方位的对抗，双方在海洋上攻击对方的商用船只，美国的商船也不能幸免，美国的对外贸易因此困难重重。同时国内在对外政策上也有着严重的意见分歧，麦迪逊企图通过实施杰弗逊政府末期通过的《停止通商法》来结束英法对美国航船的骚扰，但欧洲列强此时并不重视一个新生的军事力量弱小的国家的权利和商业利益。麦迪逊改为实施《第二号梅肯法案》，宣布废除《停止通商法》并提出：如英法之中任何一国改变其做法并不再侵犯美国的权力，美国就与该国交好并对另一国重施"不交往法"。法国对此作出回应，声称只要美国对英国实施"不交往法"，法国将与美国恢复正常贸易，于是美国对英国实施了贸易惩罚措施，但事实证明他的这一决策并不高明。

1811年，国内外局势使得英美走到爆发战争的边缘，最终麦迪逊向国会提交了宣战决议，在决议中他给出了向英国发动战争的五大理由：一、强行征用美国船只；二、封锁阻止美国船只安全离开美国海岸；三、封锁阻止美国船只安全到达其他海岸；四、在海上没收中立国贸易产品；五、在西北部地区激起印第安人的敌意。在经过一场美国众议院历史上耗时最长之一的激烈辩论之后，宣战议案在众议院最终顺利通过，但这一决议在参议院继续遇到了较大阻力，不过最终也获得通过。与此同时，麦迪逊在争取连任的总统选举中也击败了党内外的反对势力，以一百二十八票对八十九票击败德威特·克林顿而获得连任。

尽管麦迪逊早在1811年年末就要求全国作好战争准备，但在英美战争开始时，美国陆海军的力量仍非常弱小，根本无法与英军正面抗衡，国家也没有制订相应的财政计划，而且麦迪逊在国内还要面对强大的反战势力，此时新英格兰的联邦党人反对战争，一部分人甚至计划脱离联邦。战争初期，美军出师不利。在陆战中，威廉·赫尔将军的远征军兵败加拿大，而美军在底特律战役、尼加拉河战役的失败更使得他们丧失了战略上的主动权，英军得以长驱直入，对美国内陆地区进行蹂躏。主战派和广大民众都高估了美军的实力，因此当失败来临时，大家都束手无策，抱怨之声此起彼伏。1814年夏天，在欧洲击败拿破仑的英国增兵北美，开始发动新的攻势，英军经切萨皮克湾攻入首都华盛顿，在城中大肆劫掠破坏，国会大厦、总统官邸以及一些政府机构被付之一炬，国会图书馆也损失惨重。出逃的麦迪逊与其妻多莉在混乱中走散，多莉在逃离华盛顿前，冒火抢救了斯图尔特画的华盛顿全身肖像和许多珍贵物品。英军蹂躏华盛顿画像的行为激起了美国人民心中巨大的愤怒和复仇情绪。出人意料的是，在与"海上霸主"英国的海战中，弱小的美军却取得了惊人的战绩，包括1813年美军在伊利湖战役和泰晤士河战役中的胜利，同时美国的民间私掠船也积极追捕英国商船，并且大获其利。这些战役虽不足以打破英国的海上优势，却影响了英军的士气和自信心，打乱了其战略部署。1814年，美国陆军也在巴尔的摩港大败英军，后又取得普拉斯堡等战役的胜利，当美英双方都已对战争感到厌倦之时，和谈的大门被打开了。经过艰苦漫长的谈判，1814年12月，双方在比利时的根特签订了《根特和约》，以维持战前状况为条件结束战争。受当时通信条件的限制，缔约的消息姗姗来迟，1815年1月双方仍在美国南部进行了新奥尔良战役，美军在此战中也取得了重大胜利。

这场持续四年的战争使美国付出了巨大的物质代价，而且伤亡或失踪近一万人，但保障了美国的国家安全，并缓和了国内矛盾。战争的结束使得麦迪逊度过了执政的危机时期，他总统任期的最后两年也比较平稳。由于在战争期间阴谋分裂联邦，联邦党在战后很快就消亡了，此前的党派之争也因此大为缓和；这场战争同时也结束了美国在经济上对英国的依赖，获得了一定程度的经济自主权，同时还刺激了国内制造业的发展，使美国踏上向工业强国迈进的道路；战后西进运动也再掀高潮。上述这些因素都促进了美国的经济繁荣和社会结构的变化，因此人们又把这场战争称作"第二次独立战争"。这场战争直接推动了美国的军事理论和军队建设的发展，战争中也涌现出一批优秀的军事指挥人才，其中詹姆斯·门罗、安德鲁·杰克逊等五位将军后来相继成为美国总统。

1815年，麦迪逊出于国家安全的考虑，建议大量增加军事拨款数额，以加强海陆常备军的建设，并要求国会征收财产税和保护性关税。这一时期麦迪逊实际上采取了之前联邦党人所支持的经济政策，加快了美国的工业化步伐。1816年，他签署了《第二银行法》，设立新的国家银行，并通过了关税条例提高关税率，以保护发展中的国内工商业。他还对国家的交通运输和教育事业给以大力支持，如修建公路、运河，支持筹建公立学校和大学，但麦迪逊仍基本坚持有限政府的原则，反对政府权力过度膨胀。在卸任前夕，他否决了关于用联邦资金来改善国内交通运输的法案，其理论依据是必须对宪法加以严格解释，而《联邦宪法》中并没授权联邦政府修筑公路和运河。麦迪逊遵循了其前任创下的惯例，没有谋求第三次当选总统，而是指定詹姆斯·门罗作为他的政治继承人去竞选第五任美国总统，选民们此时对麦迪逊政绩的肯定使得门罗顺利当选。

卸任总统后，麦迪逊回到养育了他的蒙彼利埃庄园，并决心全面退出政坛。他一面读书、写信和会友，一面致力于农场的科学化经营。他想要建立一个全国第一流的农场，一是要使晚年生活过得更加充实，二是填补担任总统几年来因农场经营不善的亏空并偿还继子欠下的债务。与杰弗逊一样，麦迪逊对教育事业十分热心，他赞同并参与创建了弗吉尼亚大学，而且还出任该校董事会的董事，并在杰弗逊去世后接任该校校长。同时他还进行理论研究和写作，并整理了自己在各个历史阶段所写的论文。

1829年，麦迪逊出席了弗吉尼亚州制宪会议并担任联合主席，该会议的使命是修订州宪法，这是麦迪逊在卸职后唯一公开参加的政治活动。麦迪逊始终捍卫他所参与创建的联邦及其宪法，为此在晚年卷入了一场争论，当时有一些南部州认为，各州有权宣布联邦法令因违宪而无效，并可以和平地退出联邦。麦迪逊公开驳斥了这种观点，他否认了这些权力的合法性，并指出他从未主张把退出联邦的权力授予各州。

麦迪逊和他的祖辈一样是个大种植园主，但他对奴隶制始终持否定的态度，并且一贯认为长期保持奴隶制会破坏联邦。但他的废奴主张是温和的，认为应该逐步解放黑奴并将他们转移到国外。他在退休后仍然坚持这一主张，1819 年，他帮助建立了美洲殖民协会，三年后协会把西非的利比里亚作为安置获得解放的美洲黑奴的殖民地。麦迪逊是开国元勋中最长寿的人之一，他目睹了工业革命在美国创造出的各种奇迹，看到了美国经济的繁荣和疆域的迅速扩展，同时也看到了黑奴制问题所导致的严重国内争端。

1836 年 6 月 28 日，麦迪逊在亲属的陪伴中与世长辞，葬于祖父留下的庄园家族墓地。他的墓碑上只刻有他的姓和生卒年月，质朴无华一如他平生的风格。在他保存下来的文件中，人们发现了准备出版的一篇简短的演说辞，题目是《给同胞们的建议》，在演说辞中麦迪逊请求人们"珍惜联邦并使之永存"。

第 2 章

制宪会议的正当性

1787 年美国制宪会议制定出新的《联邦宪法》，该法案短期内便在各州顺利通过，其后这次制宪会议更被认为是人类制宪史上的典范甚至奇迹。但在当时此次制宪会议有超出自身权限的嫌疑，严格来讲，在费城召开的这次各州代表会议只有权讨论《邦联条例》的修改问题，而无权制定一部新的《联邦宪法》。会议召开过程中，也确实有个别参会代表（纽约州的罗伯特·雅茨和约翰·兰欣）因此直接离开会场，所以在当时对此次制宪会议的正当性进行辩护是十分必要的。

麦迪逊曾明确指出，《联邦党人文集》中各篇论文的总体目的是明确而充分地论述这部宪法的优点以及采用该宪法的必要性，论证制宪会议本身的正当性无疑是这一论述的重要组成部分。1787 年制宪会议提出的新宪法面临着各种各样的批评，麦迪逊通过论述制宪会议所面临的各种困难，以及反对意见本身存在的严重问题，对这些批评作了整体性的回应。简而言之，他认为此次制宪会议果断而慎重地提出了一部能够实现美国人民愿望和促进美国人民幸福的优良宪法，因此不应横遭指责。

在这些回应中，麦迪逊充分论述了他对于人性以及制宪相关事务的一般性思考。他对人类通过会议和协调来解决冲突的易失败性、将不同的制宪原则融合在一起形成的挑战，以及人类对事物进行精确划分的困难等问题，都在理论上作出了详细的论述，充分显示了他深刻的理论洞察力。

一、制宪的困难性

麦迪逊指出，人类历史上为了调和不一致的意见、减少相互嫉妒和调整各自利益而召开的所有重大会议，都充满了争吵和失望，而这些会议中显示的人性懦弱和邪恶的事件，构成了人类历史中最黑暗和卑鄙的景象之一，出现的少数比较明朗的情景，只能作为幸运的例外，而其光彩更是会衬出相反情景的阴暗。麦迪逊认为，如果人们认真考查造成这些例外的原因，并且注意到1787年制宪会议已然成功地提出一部新宪法，那就不难得出两个重要结论：第一，这次制宪会议在特定程度上消除了党派仇恨的影响，而这通常是最易产生且最易影响审议机关进行审议的弊病；第二，组成制宪会议的所有代表之所以对最后决议都比较满意，或至少表示同意，是出于以下两个理由：其一是他们深信必须为公益而牺牲个人意见和局部利益；其二是他们认为推迟新宪法的产生很可能损害公益。

麦迪逊认为，人们对于公共措施很少用心平气和的态度加以研究，而这种态度对于公正地估计特定措施是否能增进公众福利却十分重要。在人类社会特别需要它的时候，有这种态度的人却往往不增反减。制宪会议的决议提出了许多重要的改变和革新，涉及许多人们很感兴趣且投入情感的重要事实和关系，自然会引起众多争论，这其实不利于人们对它的优点进行公正讨论和正确评价。

从当时人们所编刊物中不难看出，一些人阅读新宪法前便已有苛评之意，预先就决定进行谴责，当然也有人与其截然相反，预先就决定支持新宪法。麦迪逊坦率指出，他们的这些论文并不是写给这两类人看的，因为对这些有预设立场的人而言，这些论文意义不大。这些论文的真正目的是请那些没有预设立场且对促进祖国幸福有着诚挚热情的人们持一种公正地评估新宪法的立场。具体而言，这种立场就是在研究制宪会议提出的计划时，既没有挑错或夸大缺点的意图，也清楚毫无缺点的计划是不可能的。一方面不应公开原谅制宪会议所犯的一些错误，尽管它们在所难免但还是应予明确指出；但另一方面人们应该牢记自己也不过是凡人，不应幻想在判断别人易错的意见时自己却不会犯错；除此以外，人们还应该对交给制宪会议处理之事本身所固有的困难充分认识而多加体谅。

麦迪逊在制宪会议前就指出，当时的邦联是以不合理的原则为基础的，人们必须改变这一原则以及建立于该原则之上的邦联国会。历史上可作为先例而加以参考的其他联盟都被同样的原则败坏，这些案例至多只能警告人们免蹈覆辙，却不能指出一条明路。此次制宪会议至多能做到两点：其一是避免本国及他国以往经验中的错误；其二是提供在未来出现新的错误时纠正这些错误的便利方法。

在麦迪逊看来，当时的制宪会议面临着两个重大任务。第一，新的政府方案既要保证政府具备本身所必需的能力与稳定，又要满足美国人民对自由与共和政体的追求。他认为如果制宪会议不能做好此事，那么制宪会议代表们就不能完满地实现自身目标和满足公众期望。对此有所了解的人，都会承认其中存在着巨大困难。防御国内外威胁以及迅速而有效地执行法律是政府必不可少的能力，后者更是一个良好政府的基本条件；政府的稳定对于国家声望以及国家利益是必不可少的，而且对保证人民思想上的安定和取得人民信任也极为重要，因为变化多端的立法对社会而言总是严重的弊病。当把寻求政府能力和稳定所需要的政治原则（长期任职与少数人掌权）与自由原则（短期任职与多数人掌权）进行比较时，人们很容易发现其中的显著差别，并认识到将二者相结合是十分困难的。共和政体的自由的性质（麦迪逊对共和政体有新的创造性理解，其实他并不完全同意以下的提法），似乎不仅要求一切权力来自人民，且应通过短期任职使被授予全权的人始终依赖人民；还要求即使在这短时期内，权力也不委托给少数人。但政府的稳定却要求被授权之人掌权时间久，政府的坚强有力不仅要求权力具某种持续性，有时甚至还要求由一个人单独执行权力。因此这部分工作必然十分艰难。

　　第二，划定联邦政府权力和州政府权力之间的适当界线。麦迪逊以渊博的知识论述了对事物进行精确划分是很困难的。他认为每个人都可以根据自己仔细考察和辨别复杂事物时的经验来体会这种困难。比如，思维的各种功能还没有被哲学家们以令人满意的精确度加以区别和说明，由于缺乏最精细的研究，它们依然是人们研究和争辩的对象。即便是最聪明勤奋的自然学家，也尚未能在其探索中精确地划定植物界和无机物界的界线，或植物和动物界的界线。人类社会的制度也存在同样的困难。麦迪逊指出，产生这些模糊现象的两个根源，一是用以观察的器官，二是事物本身的复杂性。在这类事务上，不应过度期望和信赖人类的智慧。经验告诉人们，在政治学中人们还不能充分辨别和解释政府三大领域——立法、行政和司法之间的精确区别，甚至对立法部门不同分支的特权和权力也难以精确划分。日常的政治实践中屡屡发生的问题，证明在这些问题上还存在着含糊之处，而且最伟大的政治学家也对此深感为难。最开明的立法者和法学家即便有多年经验，相互合作，仍不能说明各种法典和司法机关的准确对象和范围。以英国为例，虽然该国在探求法律问题的精确性方面，比世界上任何其他国家都努力，但习惯法、成文法、海上法、教会法、公司法，以及其他地方法律和惯例的确切范围，都还有待作出最后的界定。英国的全国法院和地方法院、普通法庭和衡平法院以及海军法庭和民事法庭等机构的权限，也经常引起复杂的讨论，充分表明它们各自界限也是不明确的。一切新法律，即使以最严谨精确的文字写成并经深思熟虑的审议才通过，它们的意义在经过一系列特殊讨论和审断被取消或肯定以前，都多少会有点含糊不清和模棱两可。

麦迪逊指出除了事物的复杂性和人的官能缺陷会造成含糊以外，人们传达思想的媒介其实也会增加障碍。词汇是表达思想的媒介，如果要清楚明晰地表达思想，不仅要求思想明确，还应该用完全符合这种思想的词汇来表达，但没有一种语言如此丰富，能为每一种复杂的思想提供合适的词汇，也没有一种语言能够如此确切，根本不包括任何含糊的词汇。因此人类的交流中必然会发生这样的现象：不管事物本身有多么精确的区别，也不管这种区别被认为是多么确切，只要用以表达的词汇不准确，就有可能使它们的定义不明确。被解释事物的复杂性和新奇性决定了这种不可避免的错误的大小。简而言之，使定义含糊和不正确的原因有三个：对象难以辨认、构思器官不完善、传达思想的手段不合适。这三个原因中的任何一个都会造成一定程度的含糊，而制宪会议在议定联邦和州的权限时，必然会受到这三个因素的全部限制。

除了上述两项重大难题，麦迪逊认为大州和小州的要求互相抵触也是一个较大的难题。在制宪会议中，大州要求参加联邦政府时的地位和它们的巨额财富及重要性相称，小州则始终坚持它们享有目前邦联中的平等。人们可以估计到任何一方也不会完全向对方让步，因此这种斗争只能以妥协而告终。这会产生一种可能性：调整代表比例的妥协，会在未来引起原有各方之间新的、意在改变政府的组织及其权力分配的斗争。实际上除了大州和小州之外，其他各地因态度和政策的不同也会相互抵触，这些都会给制宪活动造成困难。例如，每个州分为若干地区，各州公民也分为不同的阶级，这都会因利益和妒忌产生互相抵触。全国各州由于情况不同而彼此有所区别，因此会更大规模地产生抵触。虽然这种利益不同而抵触的局面，可能对联邦政府成立后的行政工作产生有益的影响（参见本书第3章），但会对组织政府的工作产生极大的阻碍。

麦迪逊指出，上述三项困难都是真实存在的。只要有充分根据证明其中的一个困难存在，便可表明此次制宪会议实际上迫于外部因素的力量而牺牲了理论上的适当性。有这些难题，理论家在幻想中提出的一部宪法所应具有的结构和对称等抽象见解肯定是无法实现的，制宪会议为了克服种种难题，必然被迫对理想目标进行适当的改变。麦迪逊由此感叹，真正让人惊奇的是制宪会议竟然克服了那么多的困难，在几乎想象不到的空前团结一致的情况下提出了新宪法。任何人都应该感到有点惊奇，而思想虔诚的人会认为，这是上帝在革命危机阶段向人们伸出了援救之手。

二、制宪的必要性

麦迪逊熟悉西方古典著作，指出在古代史记载的所有经过商讨而建立政府的事例中，组织政府的任务都没有托付给一大批人，而是交给公认的智慧突出且正直的某些公民，此点特别值得注意。就单个政府而言，米诺斯是克里特政府的创立者；

查留克斯是洛克林政府的创立者；最初组织雅典政府的是忒修斯，之后是德拉孔和梭伦；斯巴达的立法者是莱库古；罗马的最初奠基人是罗慕路斯，其后由努马和图路斯霍斯提利乌斯完成创立。一些邦联政府也是如此，安菲替温尼是以他命名的组织的创立者；亚该亚同盟初次诞生于亚该乌斯之手，第二次诞生于亚雷忒斯之手。这些事情从常理上讲很难想象，希腊人极其爱护自己的自由，他们竟然放弃谨慎的准则，把自己的命运交到一位公民的手中；对将军和有辉煌功绩的公民一直猜忌的雅典人，竟会认为对自己及其子孙的命运而言，更适当的保护人是一个有名望的公民，而非一个选出的公民组织，人们本可从他们的共同审议当中得到更多的智慧和安全保障。麦迪逊认为，这主要是因为人们对充当法律顾问的一群人之间不和与倾轧的恐惧，超过了对个别人的阴谋和无能的担忧，而且历史还告诉人们，这些著名改革家都会遇到种种困难，并往往为实现改革而被迫使用权宜之计。

麦迪逊指出，如果认真研究这些事例，人们会称赞此次制宪会议在根据古代的模式准备和制订计划时所作的改进；同时会认识到伴随这类试验所产生的危险和困难，不必要地增加试验是一种非常轻率的行为（这一点上他和杰弗逊有明确分歧）。

麦迪逊以一个精妙的比喻来说明当时邦联以及制宪会议的状况。有一个病人发现自己病况日益严重，但如果能够尽快进行有效治疗，就不会有很大危险。他冷静地考虑了自己的情况和各位医师的特点，然后选择了他认为最能进行救护、最可信赖的几位医师。随后医师们来了，他们仔细检查了病人的病症并进行了会诊，一致认为病人病情严重，但只要及时进行适当的治疗就还是有希望的，还可以增进他的体质。他们一致开出的药方，将产生良好的效果，然而有人提出异议，他们并不否认病症的危险，却相信药方对病人的体质是有害的，因此禁止他在生命垂危之际服用此药。麦迪逊认为，病人在冒险听从这个劝告之前，应该合理地要求给出这种劝告的人至少应该提出某种其他代替性的治疗办法。如果病人发现这些人内部意见的分歧与他们和前一批医师的意见分歧同样严重，他自然应该谨慎从事，设法试验一下前一批医师们一致推荐的办法，而不是去倾听那些既不否认急救的必要性，但又提不出一种新办法的人们的意见。在麦迪逊看来，美国当时就处在这种状况中，美国已经感觉到自己的疾病严重，并且从自己慎重挑选的人们那里得到了一个意见一致的正式忠告。但其他一些人警告它不可依从这个忠告，否则会有致命后果，他们既不否认存在危险，认为必须采用某个迅速而有效的纠正方法，但他们不仅对纠正办法的反对意见并不一致，而且对适当的替代办法的意见也不一致。

麦迪逊简要论述了这些纷繁复杂而又互相矛盾的反对意见。归结起来，当时的反对意见集中围绕如下几个问题：新宪法建立的政府是否应该直接管理人民？应该管理人民到何种程度？是否应该制定《权利法案》？《权利法案》应该规定州权还是个人权利？是否有规定选举时间和地点的权力？此外争论还涉及参议院和众议院的代表权、新政府的人数与开支、进出口的征税问题，以及宪法的内在倾向会导致寡头政府还是相反的虚弱政府等问题。而对宪法如何规定立法、行政和司法部门的设立与具体制衡方式，也存在来自各个方向的不同意见。简而言之，新宪法几乎遭到了不同人的强烈质疑，尽管他们之间的意见也是相互矛盾的。

麦迪逊认为此时有一种状况可以让众多反对者愿意接受。他们是最热心的人，而且都认为此次制宪会议不能胜任其所负任务，因此他们都会同意用一个更明智和更好的宪法来代替已经制定的新宪法。假如国家认识到他们肯定意见的优点和反对意见的合理性，让他们组成具有充分权力的第二个制宪会议，规定其明确目的就是修正和改造第一个制宪会议的工作，麦迪逊认为如果这是真的，上述众多的反对意见必然会再次出现。反对者十分憎恨新宪法，在任何问题上都可能会与其完全不同，但可以预见对反对者的意见仍旧会有各种反对意见出现，而且这些意见会和这些反对者本身的思考一样混乱。麦迪逊认为这一假想中的新立法会议上的争论会耗时漫长甚至没有尽头，如果人们立刻采纳现有的新宪法并使其生效，这部新宪法便有了永垂不朽的希望。

在麦迪逊看来，那些对新宪法提出众多反对意见的人首先应该认真思考不更换旧宪法会引发的种种问题，虽然新宪法不一定完善，但现有的《邦联条例》却很不完善。就其实质而言，反对新宪法的大多数意见其实是在反对目前的邦联政府，他接着就具体问题论述了这一论断。反对者们认为，筹款的无限权力掌握在联邦政府手中有可能是危险的，但当时邦联国会能够随意征收任何数量的款项，各州按照旧宪法必须交出，并且邦联国会能轻易在国内外借债；反对者们认为，征募军队的无限权力有可能是危险的，但是《邦联条例》也将此项权力给予邦联国会，而且邦联国会已经开始行使这种权力了；反对者们认为，把政府的各种权力混合在同一机构里有可能是不适当和不安全的，但邦联国会恰好就是这样一个机构，而且它还是掌管各州联合权力的唯一机构；反对者们认为，掌管国库钥匙和指挥军队的权力交到同样一些人的手里可能是特别危险的，《邦联条例》恰恰把这两种权力都交到邦联国会手中；反对者们认为，《权利法案》是保证自由所必不可少的，但《邦联条例》中根本就没有相关内容；反对者们认为，新宪法授权参议院和政府一起制定成为国家法律的条约的相关规定是危险的，而邦联国会却不受任何控制就能制定由他们自己宣布且大多数州承认，并成为国家最高法律的条约；反对者们还认为新宪法准许在二十年内输入奴隶是错误的，然而《邦联条例》却准许永远这样做。

有的人提出，不管这种权力的混合在理论上多么危险，但在实践中由于邦联国会的决定只能依靠各州执行，因此它毫无害处，不管这些权力名义上多么大，它们在现实中却是一些不能实现的东西。针对这种观点，麦迪逊认为，首先应该指责邦联国会在宣布执掌某些对其存在绝对必需的权力的同时，又使它们完全无效，这无疑是十分愚蠢的。如果邦联继续存在，而又没有一个比较好的政府形式去代替它，那么它就必须被授予或执掌有效的权力，而上述分析就足以说明与新宪法所规定的政府相比，邦联政府会更加危险。

麦迪逊认为还有更严重的问题，从这些没有实际执行的权力中已经产生一种累赘的权力。认真分析此种权力，将有助于人们认识由于邦联政府结构上的缺陷而产生的重大危险。当时人们普遍认为，西部地区将成为美国的巨大宝藏，虽然当时这个地区还不能使美国脱离困难，也无法预知其在未来的某个时期能够定期供给公众费用，但麦迪逊相信它以后必定能够在适当的管理下逐渐偿还内债，并在一定时期内对联邦国库作出很大贡献。国库的岁入基金的很大一部分现由个别州交出，有理由期望其他各州也会如此。人们都指望西部地区不久后成为国家宝藏，邦联国会已着手管理西部，已经开始建立新的州，成立临时政府并任命官员，并且规定了其加入邦联的条件。麦迪逊指出这一切在当时均已完成，而且是在没有宪法授权的情况下完成的，然而并未听到什么责备或警告。庞大而独立的岁入基金掌握在一批人手中，他们能数目不受限制地征募军队，并且拨出款项无限期地维持军队，有人不仅默默地观看这种情景，而且还拥护产生这种状况的制度，同时却提出反对新制度的种种意见，这当真是咄咄怪事。

麦迪逊因此认为，在保证联邦不像邦联国会软弱无能的同时，要保证新宪法规定的联邦政府拥有邦联国会现有的应变能力。人们在评价新制度时应该保持一贯的原则，而不能有双重标准。麦迪逊指出自己并不是在责备邦联国会所采取的各种措施，对它而言没有别的办法，因为维护公众的利益等情况使它经常担负起超越宪法范围的任务。人类历史屡次证明，一个不能拥有与其目的相称的正常权力的政府，会处于瓦解或者被篡夺的可怕困境。

三、制宪会议的合理权限

制宪会议的正当权力

在麦迪逊看来，制宪会议应该讨论的第一个问题就是制宪会议的正当权力，而这应该由通过严格审查的各州被授予代表权的制宪会议成员来确定。此次制宪会议与1786年9月安纳波利斯会议的一项法令及1787年2月邦联国会的一项法令有关，因此应该首先回顾一下这些法令。安纳波利斯的法令建议："各任命代表应考虑合众国的情况，共同拟订他们认为的可使邦联政府宪法足以应付邦联急务所需的新条款，并将这些拟订的条款在专门召集的会议上向合众国提出报告，征求各州同意后，再经各州立法机关批准，方可使该条款有效。"邦联国会提出的法令措辞如下："《邦联条例》中有一项条款规定：通过邦联国会和几个州的立法机关的同意，可对条例作适当修改。经验也表明现在的邦联政府的确存在缺点。作为改正这些缺点的手段，若干州特别是纽约州通过对其国会代表的明文指示，建议为如下决议召开一次特别会议，而这次会议似乎成为在各州内建立一个稳定的全国政府的最可能的手段。""决议——国会的意见是，今年五月第二个星期一在费城召开各州委派的代表会议是适宜的，其唯一的明确目的便是修改《邦联条例》，并且会议应把拟作的修改和规定报告给邦联国会和各州立法机关，使修订后的宪法得到邦联国会同意和各州批准后足以应付政府的急务和保持合众国。"

麦迪逊认为根据这两个法令可得出以下结论：第一，制宪会议的目的是在各州内建立一个牢固的全国政府。第二，修订后的宪法应该足以应付政府的急务和保持合众国。第三，这个目的可根据如下条款的规定来实现——国会法令所提出的《邦联条例》中有关修改条例的规定，或者安纳波利斯法令中对拟订必要新条款的规定。第四，这些修改和规定应报告国会和各州，目的是取得前者的同意和后者的批准。根据这两个法令，就可以合理地判定制宪会议有修订《邦联条例》、组织一个足以应付政府急务的全国政府的权力。

麦迪逊指出，解释话语的两条规则是人们普遍接受的。其一，特定陈述的每一部分，都具有特定意义，并共同实现某一目的；其二，如果若干部分不一致，次要部分应该让位于主要部分。麦迪逊进一步论述到，假如解释制宪会议权限的不同话语相互矛盾，根据邦联条款及其修改条款不能建立有能力的全国政府，人们此时就应该明确哪些解释应该接受或拒绝，哪些部分比较重要或不太重要，哪些部分是目的。他认为这些问题的答案十分明显，对美国人民的幸福最为重要的就是在必要的时候果断地置邦联条款于不顾，建立一个有能力的政府并且保持合众国，而绝不能拒绝建立一个有能力的政府却保留《邦联条例》。保留这些条款并不是目的，建立一个足以实现全国人民幸福的政府才是这些条款的目的，这些条款如果不能成为实现目的的手段，那么就应该果断予以抛弃。

《邦联条例》的修改潜力

麦迪逊认为需要回答的第二个问题是《邦联条例》有没有可能仅仅通过修改，便足以组织一个有能力的全国政府。他认为在讨论这一问题时不应强调名称，不能认为改变名称就是在行使一种未经授予的权力。《邦联条例》和联邦宪法对于修改条款和提出新条款都是明确认可的，这是一个改变名称、增加新条款和改变旧条款的权力问题，只要旧条款还有一部分保留不变，就不应认为这种权力被滥用了。他认为这次修改本就应该涉及邦联的实质，如果不打算作实质上的改革，各州就不会如此隆重地开这个制宪会议。

有人质疑讨论邦联的基本原则不属于制宪会议的职权范围，因此不应该加以改变。麦迪逊认为这种质疑并无道理，因为邦联的原则无非包括以下几点：第一，在制定宪法时各州应该被认为是各不相同的独立主权单位，而新宪法也是这么认为的。第二，政府成员应该由各州立法机关而不是人民任命。新政府中参议院的成员正是由各州的立法机关任命的，而在邦联体制下，有两个州的国会代表其实是由人民直接任命的。第三，邦联政府应该对各州而非对个人直接行使权力。在某些事项中，新政府也将以各州的集体为对象对各州行使权力。实际在一些事项上，邦联政府正在直接对个人行使权力，如掠夺、海盗和邮政等问题，尤其是在海陆军军事法庭上更是如此。第四，未经各州相应机关，邦联政府不得征收任何税款，但《邦联条例》其实允许对邮政征收一定程度的直接税。

麦迪逊认为，邦联的根本原则其实就是要求全国政府的权力有所限制，各州应该拥有自己的独立权，新政府和旧政府在这一点上是一致的。新宪法中联邦政府的总权力也是受到限制的，各州在新宪法未列举的事项中都是享有独立自主权的。事实上制宪会议提出的宪法基本原则并不是崭新的，它只是把《邦联条例》中的一些原则加以发展。邦联制度的不幸在于这些原则软弱无力且有局限性，人们对它无能的指责都是正当的，理应要求它有一定程度地扩大，使新制度能够完全改变旧制度的面貌。

麦迪逊坦率地承认，在某一方面，可以认为制宪会议背离了自己的主要使命，因为他们没有向各州的立法机关报告需要批准的计划，而是提出了一项由人民批准且只需九个州的人民批准便可实施的计划。针对只需九个州而非十三个州全体批准才可通过的规定，有人提出了批评，麦迪逊指出这样的指责貌似有理，但是在反对制宪会议的刊物中却很少有人提及，因为这种反对意见是基于一个荒谬的信念，即十二个州的命运应受制于第十三个州的不法或腐败。由于这个反对意见在某种意义上已被那些批评制宪会议权力的人放弃，因此麦迪逊认为没必要作过多评价。

制宪代表们的宝贵努力

麦迪逊认为需要研究的第三个问题，是代表们参与制宪会议时高度的责任感能在多大程度上弥补未被正式授权的缺陷。他认为首先要注意一点：制宪会议的权力只是顾问和建议，各州的原初意图是这样，制宪会议也是这样理解的。制宪会议设计并提出的宪法，除非经接受者正式批准，否则不过是一纸空文。

他认为在回顾制宪会议时，为了使人们能恰当地判断制宪会议所采取的行动，应注意以下几点：首先，是制宪会议时各位代表所坚持的立场，从制宪会议的进程可以得知，参会代表们都深切地感到一种危机，也正是这个危机促使举国一致作出召开制宪会议的独特尝试，来纠正现行制度中所存在的严重错误；其次，各位代表都深信，他们提出的改革建议对实现人民委托给他们的任务是绝对必要的，而且也符合大部分公民的希望和期待。麦迪逊认为，理智的人们都会同意在对现任政府的改革中，形式应该让位于内容。在需要作出重大改变的情况下，严守形式而罔顾内容会使人民的一项崇高权利变得有名无实，即"废除或改变政府，使之最可能实现人民的安全和幸福"。人民不可能普遍自发地对这一目标采取一致行动，因此这种改变必须以某个或某些爱国公民的未经公认的非正式建议作为开端。参会代表们还认识到，正是由于一些人行使了这种不合常规的僭越权力，各州才初次联合起来面对英国政府的威胁。当时的各个委员会和代表会议是为了集中力量保卫人民的权利而成立的，某些州为了制定现行的州宪法而选出了州议会，当时在任何地方都看不到不合时宜的对形式的顾忌和墨守成规的偏执。各位代表还知道，将要制订和提出的计划最终要提交给人民自己，非难制宪会议僭越权力会破坏此项计划，而赞成该计划就能消除以前的种种过错。在无端指责盛行之时，无论制宪会议的代表怠于行使授予的宝贵权力，还是立刻提议一项完全符合国家紧急情况的措施，都会引起有些人的责难。

麦迪逊认为，尽管有这些想法和顾虑，制宪会议的成员们还是果断地为自己的国家设计出一个他们认为能够保证国家幸福的制度，而没有作出让整个国家期望落空的决定。为了维护自己国家的最宝贵利益，他们没有为了形式牺牲内容，选择不予解决问题或乱搞一通。在他看来，即便制宪会议未接受此项使命，现实情况也不适宜提出一部新宪法，人们还是应该接受这部宪法。因为"即使接受敌人劝告也是合法的"，所以人们绝不应"即使朋友提出劝告也要加以拒绝"。在慎重探讨重大问题时，人们应该首先问这个劝告是否有益，而不应问这个劝告来自何方。

麦迪逊雄辩地证明，对于制宪会议越权的各种指责其实并没有什么说服力。即使制宪会议真的超越了自己的权力，但制宪代表们作为国家公仆实际上获得了人民的信任和许可，而且他们只是明智地行使了所处局势要求的自由裁量权。再退一步讲，即使他们在提出宪法时完全违背了自己的权利和义务，但制宪会议所提出的方案的确能实现美国人民的愿望并促进美国人民的幸福，那么这种行为也应该被人民所接受。

第3章

共和政体

　　众所周知，英属北美洲的十三个殖民地是在反抗英王乔治三世暴政的过程中走向独立进而联合的，当时在多数美国人民的心目中，君主制几乎成为暴政的同义词，在此形势之下，制宪会议提出的政府形式只能是共和政体。正如麦迪逊所说，"显然再没有其他政体更符合美国人民的天性，符合革命的基本原则，符合每个爱好自由之士所鼓励的把美国的政治实验寄托于人类自治能力的理念"。假如制宪会议所提出的政体共和性质不足，新宪法的拥护者也就无法在人民面前对其进行有效的辩护。

　　正是在为新宪法所确立的政体辩护过程中，麦迪逊充分展现了敏锐的现实洞察力和卓越的理论创造力。他在对新宪法所确立政体的共和性质进行辩护时，提出了现代共和原则等一系列新理论。麦迪逊对党争问题、多数暴政、大共和国、代议制民主、联邦制政府等概念的精彩论述，已经成为现代政治学理论的重要组成部分，也是公认的麦迪逊思想的精华，同时他结合各州的情况，对一些批评宪法不符合共和原则的意见进行了批驳，充分证明了制宪会议所确立的政体的共和性质。

一、党争问题

　　麦迪逊认为，在组织良好的联邦能保证的诸多利益中，制止和控制人民分裂是最重要的一点，平民政府的支持者最担忧的就是平民政府中常见的不安定与不公正，以及国民议会里极易出现的混乱状态。这是一个使得不同时期不同地方的平民政府崩溃的普遍原因，也是最常被平民政府的敌人过度利用的重大缺陷。他指出美国《邦联条例》虽然对平民政府的形式作了重要的改进，但并没有像人们所期望的那样有效地排除了这方面的危险，一些拥护公众信用和私人信用、公众自由和个人自由的公民有如下抱怨：政府太不稳定；政府的决定措施变化过于频繁；在敌对党派的冲突中，各方不顾公益、不尊重公正的准则和小党派的权力，根据利害关系形成占压倒多数的超级势力。麦迪逊认为这些抱怨在某种程度上是实有其事，而且在认真考查后，人们会发现，部分问题被错误地归咎于政府的工作，但许多问题确实产生于政府。邦联与各州政府在公共管理中存在的一些问题，使得各州人民不相信政府能够有效地履行公共义务，对其保障私权利的能力也心存疑虑。而这些问题的产生是因为党争精神败坏了公共管理，导致了许多不稳定和不公平的现象。

　　麦迪逊进行了关于党争的经典论述。在他看来，党争就是一些公民，全体公民中的多数或少数，团结在一起，为某种共同情感或利益所驱使，而去反对其他公民的权利，或者反对社会永久的或集体的利益。消除党争危害的方法有两种：其一是消除其根源；其二是控制其影响。

　　消除党争的根源有两种方法：一种是取消其存在所必不可

少的自由，另一种是每个公民都有同样的主张、同样的热情和同样的利益。麦迪逊认为第一种办法比这种弊病本身更糟糕。因为自由之于党争，如同空气之于火，是一种后者一旦失去就会立刻窒息的养料，假如因为自由会助长党争，便废除政治生活中不可缺少的自由，就如同因为空气增强火的破坏力，便想消除空气一样愚不可及。第二种办法则根本做不到，只要人类可以自由运用理智，而且人们会犯错误，自然会形成不同意见。只要人们理智地自爱，他们的意见和情感就会相互影响，理智必然会依附于意见和情感。保护人们的才能是政府的首要目的，由于人的能力是多种多样各不相同的，因而人们就会有不同数量的财产，不同财产所有人的感情和见解各不相同，社会就会被划分成不同的利益集团和党派，这种多样性的障碍无法排除，因而利益难达成一致。

麦迪逊认为党争的潜在原因深植于人性之中。不同的社会都产生不同程度的党争活动，主要原因是人们热心坚持各自有关宗教、政体及其他理论和实践的不同见解，或者依附于野心勃勃、争权夺利的不同领袖或拥有大量财富的人。所有这些行为都会把人们分为各种党派，煽动他们彼此仇恨，使他们更有意触怒和压迫对方，而无意为公益而合作。而且人类的相互仇恨有时如此强烈，以致在没有充分表达出来时，最琐碎、最怪诞的差别就足以激起他们憎恶的情感和强烈的冲突。在多种原因之中，麦迪逊认为造成党争的最普遍而持久的原因是财产分配的不平等。有产者和无产者、债权人和债务人在社会上总会形成不同的利益集团，土地占有者集团、制造业集团、商人集团、金融业集团和其他许多较小的集团在文明国家里进而形成不同的阶级，他们都会有不同的情感和见解。人们必然会把党派精神和党争带入政府的日常活动中去，管理这些各种各样又互不相容的利益集团，正是现代立法的主要任务。

麦迪逊指出，在一般的法律实践中，没有一个人被准许审理他自己的案件，因为他本身的利益肯定会使他的判断发生偏差，而且也可能败坏他的正直。基于同样的理由，一个团体也不宜既做法官又做当事人。在平民政府中，许多最重要的立法案件和司法判决同庞大的公民团体的权利有关。各种不同的立法者，有时候恰好就是他们所审理的法案的辩护者和当事人。在私人债务的问题上，法官应当平衡债务关系者的利益，然而在公共债务问题中，政党本身是而且必然是法官，人数最多的党派，换言之最有力量的党派当然会占优势。比如，对于一个国家的工业是否需要以及在何种程度上通过限制外国工业而得到鼓励的问题，土地占有者阶级和制造业阶级肯定会采取不同的决定，而且两者都不会仅关心公益问题。对各种财产征税的分配，最需要极其公平的法令，然而这却给居于统治地位的党派提供更大的机会和诱惑来践踏正义。他们每使处于劣势的派别多负担一先令，就给自己的腰包里留下了一先令。

麦迪逊明确指出，认为开明的政治家能够调整这些不一致的利益，使之有利于公共福利的说法是站不住脚的，因为开明的政治家并不会经常执掌大权，而且在许多情况下，如果不作间接和长远的考虑，即便是一个开明的政治家也根本不能作出这样的调整，因为长远的考虑通常很难胜过一个党派不顾另一党派的权力或全体人民的福利而争取眼前利益的打算。麦迪逊最终得出如下结论：党争的根源不能排除，只有用控制其影响的方法解决它。

二、多数暴政及其控制

麦迪逊紧接着提出多数暴政这一重大问题。在他看来，假如发起一次党争的不是多数人，人们便可用民主政体的原则将其解决，即多数人可以用正规投票的方法来击败其阴险企图。这样的党争虽然会妨碍行政管理，冲击社会，但并不能在宪法的形式下进行并掩饰其阴谋。但如果在民主政体下发起党争的是社会的大多数人，这些多数派便可通过民主政府的机构，使得其他公民的权利和公益为他们的感情或利益而作出牺牲。麦迪逊由此认为存在着一个重大难题，那就是如何一方面保护公益和私人权利免遭这种党争的威胁，另一方面又保持民主政府的精神和形式。他认为只有成功地解决这一难题，才能使民主政府的政府形式摆脱长期以来的耻辱，并为人们尊重和采用。

麦迪逊认为解决这个难题的方法有两个：其一是防止大多数人同时存在同样的情感或利益；其二是使具有同样情感或利益的大多数人不能同心协力实现损害他人的阴谋。

就第一个办法而言，他认为如果群情激动或机缘巧合，无论道德还是宗教的方式都不足以对多数人的阴谋加以适当控制。如果对个别人的不义和暴力行为，人们都无法找到道德或宗教的方式去控制，随着人数的增多，控制方法的效果也只会相应地降低。简而言之，道德和宗教方式无法控制一个群体。事实上纯粹的民主政体——少数公民亲自组织和管理政府的政体并不能制止党派斗争，因为几乎在每一种情况下，社会中的大多数人都会有共同的情感或利益，公民之间的联络和结合正是这种平民政府本身的产物，而且没有任何东西可以阻止大多数人牺牲弱小党派或个人。这种民主政体往往就成了动乱和争论的根源，无法保障个人安全或财产权，往往因此暴亡。麦迪逊认为以往赞成民主政府的政治理论家往往有一种错误的意见，认为如果使人类在政治权利上完全平等，他们就同时能在财产、意见和情感上完全平等，事实上这种情况是不可能发生的。我们可得出结论，防止大多数人同时有同样的感情或利益的做法在纯粹民主政体下是行不通的。

在对第二种防止多数暴政的方法进行阐述时，麦迪逊提出了他对于共和政体的创造性理解，这成为他政治思想中十分重要的一个理论贡献。根据麦迪逊的理解，共和政体是采用代议制的民主政体，这种政体能够完全控制党政危害。他从论述共和政体和纯粹民主政体的差别开始，进而阐述这种控制的性质，最后论述了代议制民主在联邦制中所能发挥的积极功效。

在他看来，民主政体和共和政体有两大区别：第一，共和政体的政府委托给由全体公民选举出来的少数公民来管理，而民主政体的政府则由全体公民亲自管理。第二，相对于民主政体，共和政体所能管辖的公民人数较多，国土范围也较大。

上述第一个区别会产生如下结果。首先，通过共和政体中某个选定的公民团体，公众意见能够得到提炼和扩大。一方面，公民团体的智慧会更好地辨别国家的真正利益，他们的爱国心和对正义的热爱似乎也使他们不为暂时的或局部的考虑而牺牲整个国家。在这样的方式下，很可能发生下述情形：人民代表发出的公众呼声，要比人民亲自集会而提出的意见更符合公共利益。另一方面，结果当然也可以适得其反，一些捣乱成性或别有用心的人，也可能用阴谋、贿赂以及其他方法取得参政权，然后背叛人民的利益。此时就会产生这样一个问题：对于保护公共福利的人来说，是小共和国好还是大共和国好？从以下两个明显的理由可以清楚地看出是后者较好。第一，共和国无论多小，为了防止少数人的结党图谋，代表必须达到一定数目，同时无论共和国多大，为了防止人数过多而导致混乱，代表又必须限于一定数目。在这两个限制之下，相比小共和国，代表在大共和国总体人数中所占的比例就要低一些。如果大共和国里的合适人选的比例并不低于小共和国，那么在大共和国中的代表就有较多的选择机会，从而就有较大的可能作出适当的选择。

其次，由于在选举中，每一个代表所代表的公民人数在大共和国中要比在小共和国中多，不合格的候选人也就更难以成功地采用在小规模选举中常常出现的不道德手段。同时如果人民的选举比较自由，选票就更能集中于德高望重的人身上。他坦率地承认，两者都有麻烦之处：如果将代表们的数目减少太多，就会使代表很不熟悉当地的一般情况和整体利益；如果把代表们的数目增加太多，则会使代表不适当地关注特殊情况和次要利益，而很少了解和追求重大的全国性目标。在这方面，《联邦宪法》其实设计了一个十分恰当的结合方式：整体和重大利益诉诸全国性立法机关，地方和特殊利益则诉诸州立法机关。

上述第二个区别则会产生如下影响，共和政府比民主政府能管辖更多的公民和更辽阔的国土，而使得前者范围内的派别联合没有后者那么可怕。因为社会规模愈小，组成不同党派和利益集团的可能性就越少，不同的党派和利益集团事实上也会越少，因此同一党派占有多数的情况的可能性就越大。换言之，组成多数所需要的人数越少，他们所处的范围越小，他们就更会容易结合起来，执行他们压迫人民的计划。而把社会的范围扩大，就可包括种类更多的党派和利益集团，全体人民中的多数有侵犯其他公民权利的共同动机的可能性也降低了。退一步讲，即使存在这样一种共同动机，那些具有共同动机的人也较难显示自己的力量并彼此一致地采取行动。除了其他常见的障碍以外，即使多数人能够意识到他们有共同的不正当目的，在实施达成此目的的计划时也会因为彼此间的不信任而受到阻挠。麦迪逊认为以下的事实是很清楚的：共和政体在控制党争影响方面优于民主政体。这恰好是大共和国胜于小共和国之处。具体到美国，这就是联邦优于组成联邦的各州之处。

综上所述，共和政体的第一个优点在于更能选拔出见解高明、道德高尚之士，并使他们成为阻止局部偏见和不公正计划的代表。共和政体的第二个优点在于因联邦内其党派的种类较多，能更好地防止一个党派在力量上超过其他党派而压迫它们。简而言之，共和政体和大共和国的优点在于它们给不讲正义和图谋私利的多数人造成更大的障碍，反对他们协调一致地完成其卑鄙和秘密的愿望。这正是辽阔广大的联邦所能提供的最明显便利。

麦迪逊指出，各个州的党派领袖们的势力可能在他们各自州里燃起烽火，一般不能使它蔓延到其他各州；一个教派可能变为联邦某一部分主要的政治派别，但是散布在联邦四面八方的各种教派，必然会保护全国议会不受来自那里的任何威胁；对纸币、取消债务、平均分配财产或者任何其他不适当或邪恶的渴望，会比较容易传遍联邦的某一成员州，而不容易传遍整个联邦，正如这样的弊病更可能传遍某一个县或地区，而不容易传遍全州一样。他认为在联邦范围内设计适当的共和政体才能够医治民主政府最容易发生的那些弊病。

三、新宪法的共和性质与二元性国家结构

麦迪逊认为共和政体的术语在以前的政治论文中应用得极不确切。他认为以各种政体赖以建立的不同原则为标准，可以对共和国如此定义：它从大部分人民那里直接、间接地得到一切权力，并由某些自愿任职的人在一定时期内或忠实履行职责期间执掌权力。他认为对于共和政府来说，必要条件就是它的权力是来自社会的大多数人，而不是其中的小部分人或者某个社会阶级。只有如下政府才有资格称为共和政府：它的管理人员全部直接或间接地由人民任命，并且他们根据某些详细说明

的条件保持自己的官职。麦迪逊在此把共和与包含间接选举在内的代议制明确地等同起来，这是不同于古典共和主义的，事实上麦迪逊的论述主要针对那种把共和等同于直接选举的反对意见。美国当时的实际情况是，按各州的州宪法规定，州政府的某些官员其实也是由人民间接任命的。根据当时大多数州的宪法，首席行政长官是间接任命的，一个州还把这种任命方式扩大到议会的一个部门；根据所有州的宪法，最高公职的任期都会延长到一定的期限，许多时候立法和行政部门公职的任期也会延长若干年；根据大多数州宪法的相关条款，以及在这个问题上的公认意见，司法部门成员只要忠实履行职责就可以一直保留他们的职位。

麦迪逊提出，把制宪会议提出的宪法与以上标准进行比较时，人们能够立刻看出它在最严格的意义上是符合这些标准的。他接着详细对比了《联邦宪法》和各州的宪法，新宪法规定的众议院至少和所有州议会的某一议院一样，是直接由人民选举的；参议院和目前的邦联国会和马里兰州的参议院一样，其代表是由人民间接任命的；总统则依照大多数州的实例由人民间接选举；合众国的法官和所有其他官员与若干州一样，也将由人民间接选择。同时新宪法中提出的官员任期也符合共和政体的标准和州宪的标准，众议院与各州一样是定期选举，议员任期同南卡罗来纳州一样是两年；参议院六年选举一次，比马里兰州参议院的期限只多一年，比纽约州和弗吉尼亚州参议院的期限只多两年；总统任期四年，当时纽约州和特拉华州的州长任期为三年，南卡罗来纳州是两年，其他各州则是每年选举一次，但在某些州内，没有一条州宪条款是可以用来弹劾州长的，如在特拉华州和弗吉尼亚州，州长在职期间不得弹劾，合众国总统则在任职期间的任何时候都可以弹劾；联邦法官的任期理所当然地应该是他忠实履行职责的时期，而各部部长的任期也将按照情理和各州宪法的实例，由具体法律规定。总而言之，麦迪逊认为联邦宪法中关于选举方式和任期的规定，都可以证明其提出的政体是真正的共和政体。麦迪逊认为这个制度的共和特色如果需要进一步证明的话，最明确的证明就是联邦政府和州政府都绝对禁止贵族头衔，而且对各州政府的共和政体形式也作出明确保证。

有人提出反对意见，认为制宪会议只坚持共和政体的形式是不够的，还应注意保持联邦的形式，联邦的形式是各独立州的联盟，而制宪会议却组织了一个全国政府，联邦新政府实际上变成了各州的结合而非联盟。麦迪逊认为考查一个政府国家结构方面的真实性质，应该考虑以下四点：政府建立的基础、政府一般权力的来源、政府行使权力的方式和范围，以及政府将来进行变革的权力。

首先是政府建立的基础。他指出人们应该注意到新宪法所提出的批准宪法所需要的两项条件：其一是宪法必须以美国人民所选出的代表们的同意和批准为基础；其二是美国人民同意和批准宪法，不是通过每个公民独立投票的形式，而是通过各地区以及各独立州的独立投票的形式来进行的。批准宪法是每个州根据本州的最高权力进行的。制宪并不是全体国民的事，而是各州的事；批准宪法也不是国民的事，而是各州的事。此次制宪会议想要成立的并非全体国民组成的一个新国家，而是众多独立州组成的一个新联邦。麦迪逊认为有一个基本事实可以非常清楚地表明此次制宪的性质，那就是新宪法所规定成立的联邦，既不由联邦内大多数人民决定，也不是由大多数州决定的，而是由参与此事的各州一致同意产生的。而且这次批准宪法还不同于平时，它不是由各州立法部门批准的，而是由各州人民自己直接表示同意（各州专门召开本州全体选民参加的宪法批准大会）。每个州在批准宪法时被认为是一个主权实体，不受任何其他州约束，完全自愿。因此麦迪逊认为，新宪法如果得以生效，它将是一部联邦性的宪法而非国家性的宪法。

其次是政府一般权力的来源问题。麦迪逊指出拟定的《联邦宪法》规定联邦众议院将从美国人民那里直接得到权力，而人民，和在各州议会里的情况一样，以同样的比例和原则（基于各地人数）直接选派代表。就这点来说，联邦政府将是国家性而非联邦性的政府。但另一方面，参议院将从作为政治上平等团体的各州那里得到权力，在参议院中各州根据平等的原则选派同等数量的代表，正如目前的邦联国会一样。就这点来说，联邦政府则是联邦性非全国性政府。行政权的来源则比较复杂，总统是由各州以其政治资格直接选举的，分配给各州的选票按照一种复合的比例，即按参议员和众议员的总数目来确定。这一方面是把它们当作各不相同的平等团体（参议员部分），另一方面则是把它们当作同一团体的不平等成员（众议员部分）。此外，特定情况下总统选举的最终环节将在众议院中进行，而这个环节将采取各州各有一票的形式（后来随着两党制的出现，总统选举活动中取消了这一环节）。从政府权力的来源方面来看，它至多是一种混合的性质，所表现的联邦性特征至少和国家性特征一样多。

再次是政府行使权力的方式和范围。人们一般认为联邦性政府和国家性政府有如下区别：前者对以政治资格组成联邦的各政治团体行使权力，后者则对以个人身份组成国家的各个公民行使权力。用这个标准衡量《联邦宪法》，虽然并不彻底，但它基本是属于国家性而非联邦性的。但在某些情况下，特别是在审讯以各州为当事人的争端时，它规定各州只能以其集体政治资格来起诉，就此而言，联邦政府的全国性就不存在了。麦迪逊指出，当联邦政府在其最重要的日常事务中对个人资格的人民行使权力时，它的确可被称为国家性政府，但是就其权力范围来观察，它的联邦性特征却十分突出。一般而言，国家性政府不仅拥有对个别公民的权力，而且就所有的人和事都是政府的对象而言，它对所有人和事都拥有无限的至高无上的权力。在由人民组成的国家中，这个最高权力会被完全授予国家立法机关，而在为特殊目的由各地方联合组成的国家中，最高权力会部分授予国家立法机关，部分授予地方立法机关。在前一种国家中，一切地方权力从属于国家的最高权力，并且最高权力可以随意控制或废除地方权力；在后一种国家中，地方当局拥有各自独立的最高权力，在各自的范围内不从属于国家权力。就此而言，新政府不能被认为一个全国性政府，因为其权限只限于某些列举的对象，各州拥有对所有其他对象的不可侵犯的权力。麦迪逊承认对未来关于这两种权力界限的争辩，作出最后决定的法庭将由全国政府建立，但这一点并不改变关于此事的基本原则。当然在实践中必须注意的是这个法庭应该根据宪法作出公正的决定，并且要采取一切最有效的预防手段来保证这种公正。这样的法庭，对于防止各州诉诸武力和废除盟约显然是必不可少的，它无疑也只适宜由全国政府建立。

最后，如果从宪法修改权力方面考察新宪法，人们会发现它既不完全是国家性的，也不完全是联邦性的。如果它完全是国家性的，最高的和最主要的权力就属于联邦大多数人民，而这个权力随时能够更换或废除它所建立的政府；如果它完全是联邦性的，则约束各州的每个改革均须得到联邦全部州的赞同。而制宪会议方案所提供的修正宪法的方式与此都不相同。修宪需要多数州而非多数公民的同意而言，它离开了国家性而趋于联邦性；就有多数而非全部州的赞同便能修改宪法而言，它又失去了联邦性质而具有一定的国家性质。

麦迪逊最后总结，新宪法严格讲既不是一部国家性宪法，也不是一部联邦性宪法，而是两者某种程度上的结合。新宪法建立的基础是联邦性的不是国家性的；在政府一般权力的来源方面，它部分是联邦性的，部分是国家性的；而在行使权力方面，它是国家性而非联邦性的；在权力范围方面，它是联邦性的而非国家性的；在宪法修改的方式方面，它既不完全是联邦性的，也不完全是国家性的。

总而言之，麦迪逊认为新宪法所提出建立的联邦政府，是完全符合一个共和政府的定义的，在国家结构方面，它则呈现出一种复杂的二元性质。

第 4 章

从邦联到联邦

在独立战争爆发前，后来组成美利坚合众国的十三个英属殖民地在政治上是各自独立的，虽然大英帝国名义上对它们都拥有主权，但实际上它们基本有高度的自治权。这些殖民地虽然有着不同的管理模式，但各州基本上有州议会，也有着相似的普通法传统和政治文化，他们都坚持认为自己应享有同本土英国人相同的政治权利。独立战争之所以爆发，正是因为多数殖民地人民认为英王乔治三世及英国议会践踏了他们的自由和权利。而随着独立战争的进行，各州之间政治和经济关系也变得空前紧密，需要相互协调和联合的事情也急速增多，各州的摩擦和矛盾也自然地增加了。独立战争前夕以及战后的一段时间内，各殖民地都派出代表组成大陆会议来解决这些问题。1781 年由大陆会议颁布的《邦联条例》正式生效，各州根据这一条例成立了国会，共同建立了一个邦联（邦联可理解为联盟）性质的政府。在新的制度之下，各州仍然基本保留自己的主权，邦联政府始终软弱无力。简而言之，这个邦联体制有以下三个特点：第一，各州政府都有着很大的独立性。第二，根据《邦联条例》中央名义上有很多权力，但实际权力极小。第三，中央的最高机构是一院制的邦联国会，由每州选出二至七人作为代表，也不设置国家元首，只在国会下面设立一个诸州委员会，在国会休会时管理经常性事务。这样一个中央政府实际上无力承担其重大责任，造成了许多严重的问题甚至危险，邦联政府的改革势在必行。麦迪逊在大陆会议供职期间对政府的软弱有着切肤之痛，在1786年召开的安纳波利斯会议上，他就这一点与来自纽约州的汉密尔顿达成了高度共识，这也是后来汉密尔顿邀请麦迪逊共同写作一系列论文（后来结集为《联邦党人文集》）为《联邦宪法》辩护的缘由。

麦迪逊在参加制宪会议前夕，曾写过《古今邦联制》和《美国政治制度的缺陷》两篇论文。前者的主要内容是论述邦联作为一种政体在历史上被屡次证明存在重大缺陷；后者则论述当时美国各州联合过程中所采取的邦联形式已经引起了严重的现实问题甚至危险，《联邦党人文集》也有大量的篇幅对此进行论述。从理论来说，邦联制虽不可行，但取代邦联制却并非只有联邦制一种选择，当时欧洲存在着一种高度中央集权的政府形式，即麦迪逊讲的国家性政府。麦迪逊就联邦制问题所作的辩护工作就包括两项：其一是证明现行邦联制度的危险与缺点；其二是证明联邦制相比国家性制度更具优点和现实可行性。麦迪逊在1787年制宪会议前夕给华盛顿的信中曾这样写道："谨不揣冒昧，把我心中设想的新制度的大纲提供给阁下过目。鉴于目前各州的个别独立地位和它们的合总主权是极端不相容的，而若要把各州合并成一个单一的共和国则操之过急且无法达到，因此我决定采取某种中间立场。"

概而言之，麦迪逊的联邦制思想就是将若干有自治能力的政体实体在共同认可的条件下，结合成一个新的更大的政治实体。各部分在尊重联邦政府权威和权力的前提下，共同参与决策和政策实施，并在不损害联邦权力和利益的前提下行使原有的部分政治和经济自治权力；二者的权力均直接或间接由人民授予，由《联邦宪法》进行明确划分，互不干涉，并且受到宪法的保护和制约；同时二者之间也相互制衡，以最终保证人民的权利和福祉。

一、古今邦联制

麦迪逊悉读古希腊罗马历史，也熟悉欧洲比较晚近的情况，他在《古今邦联制》中论述了邦联制度的严重缺陷，在《联邦党人文集》中也用较长的篇幅论述了他对这一制度的研究成果。

麦迪逊指出，在古代历史上的诸多邦联中，古希腊城邦国家组成的安菲替温尼同盟似乎是最大的一个，它同当时美国诸州的邦联有许多类似之处，因而这一例子应该会对美国人民很有启发性。在这一联盟中，它的各成员保持独立和主权国的性质，在联盟议会中有同等的投票权。议会全权提议和决定它认为对希腊公共福利必要的任何事项，还可以宣战和进行战争，作为各成员之间一切争执的最后裁决者，可以向挑衅的一方进行罚款，利用邦联的全部力量反对不服从的成员，以及接收新成员。此外安菲替温尼议会还负责保护宗教，包括属于特尔斐神庙的大量财富，有权在神庙中判决居民和求神问卜者之间的争端。为提高联盟的权力，它还进一步规定，各成员要宣誓互相防护和保卫联合的城邦，惩罚违背誓言的人，并向窃取神殿圣物者施行报复。理论上，这个权力机构能够满足所有一般性的需求。在若干事务上，其权力要超过邦联条款中列举的权力，因为安菲替温尼议会支配着当时的信仰，那是维持当时政府的主要手段之一；它还有一种公然宣称的权威，可以对不服从的城邦实施高压政治，并且发誓要在必要时行使这一权威。

然而，实践与理论之间有着天壤之别。由于其所拥有的权力完全由各城邦以政治资格任命的代表行使，邦联逐渐削弱并发生混乱，最后走向了灭亡。当时比较强大的成员对邦联不敬畏，实际处于主导地位，对其他所有成员施行苛政。根据普鲁塔克所述，这样的事情十分常见，最强大的城邦代表威胁和收买弱小城邦的代表，议会判决总是有利于最强大的一方；即使在危险的对外防御战争中，各成员也从不齐心协力，总有几个成员受到敌人的永久欺骗或雇用；对外作战时也充满了国内的变动、动乱和屠杀。麦迪逊指出这段历史表明联合的形式无能，在一个邦联中最强大成员十分容易出现野心，其他成员处于从属和低下地位的状况。在这种制度中，比较小的成员虽然理论上有权以同样的尊严围绕着共同中心运行，但实际上却必然会依附于强大的成员。

亚该亚同盟是另一个希腊共和国联盟的例子，麦迪逊指出相比于安菲替温尼同盟，这个联盟的各成员相互间关系要密切得多，其组织方式也要高明得多，虽然它最终也未能避免灭亡，但并不能称其祸有应得。组成亚该亚同盟的各城邦保留它们的地方管辖权、任用各自的官员，享有充分的平等；同时各城邦派议员组成元老院，该元老院可全权决定战争与和平、订约和结盟、派遣和接待大使、任命元首和行政长官；元首可以指挥各城邦的军队，在十个议员提议和赞同以后，他还可以在元老院休会期间管理政府，并在开会时担负审议各项问题的重任。根据最初的宪法，要有两名行政长官共同管理，在实际中试验后只保留一名。联盟内的各城邦似乎采用同样的法律、习惯、度量衡和货币，但这与当时联盟议会的权力有多大关系却不得而知，只能说当时各城邦的确接受了同样的法律和习惯。历史学家们都注意到这个联盟存在期间，各城邦的公共管理要比单独行使一切统治权的任何城邦温和而公正得多，人民的暴力行为和叛乱活动也要少得多。马勃雷神父在评论希腊历史时指出，其他各地的平民政府都十分动荡不定，亚该亚同盟的成员却并未有骚乱，因为同盟中的成员政府受到了邦联总权威和法律的制约。麦迪逊认为不能由此便得出党争不会搞乱个别城邦的结论，更不能说同盟中各成员国一直都很服从，关系融洽，在联盟的变迁中表现出极为相反的情况。安菲替温尼议会存在时，只包括次要城邦的亚该亚同盟在希腊舞台上是微不足道的。当前者成为马其顿的牺牲品时，亚该亚同盟得以幸存，其后的马其顿君主们采用了不同的政策对亚该亚人实施分裂政策，每个城邦受到引诱都只为自己打算，结果同盟很快解散了，某些城邦处于马其顿驻军的暴政之下，其他城邦则处于本国篡权者的治下。耻辱和压迫不久激起它们对自由的热爱，少数城邦重新联合，其他城邦在找到机会杀死暴君时也加入它们，同盟很快就包括了几乎伯罗奔尼撒半岛。马其顿虽然也注意到这个同盟进展神速，但由于内部纠纷而无法迅速制止，整个希腊似乎准备联合为一个邦联。当时斯巴达和雅典对日益强大的亚该亚邦联产生了嫉妒和猜忌，并采取行动沉重地打击了它。出于对马其顿权力的恐惧，亚该亚同盟企求与埃及和叙利亚王国结盟，它们在当时是马其顿的对手。这个策略被斯巴达王克利奥墨尼破坏，他在没被挑衅的情况下对亚该亚人发动进攻。斯巴达是马其顿的敌人，并且有能力来破坏埃及和叙利亚国王对同盟所作的保证，亚该亚人陷入进退两难的境地，要么向克利奥墨尼屈服，要么求助于以前的压迫者马其顿，最后他们采纳了后一种办法。希腊人内部的争夺给了马其顿人干涉他们事务的好机会，一支马其顿军队很快出现并打败斯巴达。亚该亚人很快就知道一个战胜的、强大的盟国其实是自己的主子，自己所能从马其顿人那儿得到的只是被容许行使自己的法律。马其顿王实行苛政，不久就引起希腊人新的联合。亚该亚同盟虽然由于内部纠纷和一个成员的叛变而削弱，但仍与埃托里亚人和雅典人联合起来树起反抗的旗帜。虽然得到这样的支持，亚该亚人仍不能胜任这一事业，于是再次采用求助于外国军队的危险办法，被请求的罗马人击败了马其顿人。同盟接着发生了新的危机，各成员之间又发生了纠纷，这些都是罗马人促成的，一些希腊的著名领袖成为诱骗自己同胞的工具。为了更有效地助长希腊人之间的不和与混乱，罗马人还假意宣布整个希腊完全自由，利用成员国的自尊心声称同盟侵犯了它们的主权，挑拨各成员脱离同盟。这些计谋使得这个同盟最终土崩瓦解，并且引起了希腊人此起彼伏的愚蠢行为和涣散的精神状态，罗马军队借此轻而易举地完成了对希腊人的统治，亚该亚人在同盟失败以后一直被奴役。

麦迪逊认为回顾这些古代历史十分必要，它们给予人们不止一个教训，亚该亚同盟的历史充分说明，邦联政体的内在趋势与其说是走向首脑的专政，不如说是走向各成员的无政府状态。

在制宪会议召开的那个时代，也有一些国家的政治制度是建立在邦联制原则之上的，麦迪逊认为这其中值得注意的首先是日耳曼国家。公元初，日耳曼被七个不同的国家占领且没有共同领袖，其中的法兰克人在征服高卢人之后建立了以法兰克命名的国家。9世纪，法兰克君主查理曼率领军队东征西讨，使日耳曼成了其领土的一部分，在其三个儿子的治下帝国瓦解，其中一人在日耳曼建成了一个独立自主的王国。虽然查理曼及其后裔无论在名义上还是实际上都有着皇权的尊严，但日耳曼王国主要诸侯的封地都是世袭的，主要诸侯组成并使查理曼的并未废除的国会逐渐摆脱了束缚，进而取得一定的主权和独立地位。皇权的力量不足以约束强大的扈从而保持帝国的统一和平静时，各诸侯和各州之间便进行着猛烈的战争并带来各种灾难。皇权不能维持公共秩序且逐渐衰退，最终在无政府状态下被消灭，这造成日耳曼地区从士瓦本末代皇帝死到奥地利系统第一个皇帝即位之间（从公元 1268 年到公元 1438 年）长时期的皇权中断。在 11 世纪皇帝们掌有全权至 15 世纪时，他们的权力成了象征性的装饰品。麦迪逊指出这个封建制度本身具有邦联的许多重要特征，当时日耳曼帝国的邦联制度也是从这个制度中发展起来的。日耳曼帝国的一部分权力属于代表邦联成员的议会，作为行政长官的皇帝可以否决议会的法令，皇家会议和枢密院会议在有关帝国的争执和各成员之间的争执中有最高审判权。议会掌有下列权力：立法、宣战与媾和、结盟、决定征兵和征税的定额、建筑防御工事、规定货币、接收新成员、使不服从的成员服从王国的禁令并借此剥夺其自主权和领地的占有权。邦联各成员严禁加入不利于帝国的盟约，未经皇帝或议会同意严禁在相互通商中征收市场税和关税，严禁改变币值、侵犯他人权利、帮助或窝藏扰乱治安的人，对于任何违犯上述禁令的人要下令予以禁止。议会成员作为议员应由皇帝和议会审判，作为个人则由枢密院会议和皇家会议审判。皇帝的特权也很多，其中最重要的是向议会提出建议的特权，否决议会决议，任命大使，授予高贵头衔和称号，补充空缺的有选举皇帝权利的诸侯名额，创办大学，授予对帝国的州、郡无害的特权，等等，还有接收和使用国库岁入以及全面负责公众安全的特权。有时候选帝侯们会为皇帝组织一个议会，虽然他以皇帝身份在帝国内没有领地和支持自己的收入，但是他以其他资格得到的收入和领地使他实际上成为欧洲最有权势的君主之一。从邦联议会和皇帝的法定权力来看，人们自然会推论出它会成为邦联制度的一个例外，然而事实并非如此。它的基本原则是帝国皇帝只是邦联成员们的君主，帝国议会由各成员的代表组成，法律的实施也求助于各邦的君主，因此帝国本身没有自己的力量，既不能管理自己的成员，也不能对付外来危险，内部经常动荡不安。实际上日耳曼帝国的历史上经常出现以下情景：皇帝与各诸侯和城邦之间、各诸侯与城邦之间战争不断；强者横行、弱者受压，外国侵犯、玩弄阴谋诡计；各成员对帝国在人力和财富上的征调置之不理或仅部分服从；君主们实行完全无效或伴随杀戮和破坏且残害无辜的强制征募，简而言之，即普遍的无能、混乱和苦难。在麦迪逊看来，这部长久失灵的机器之所以没有完全报废，其原因是大多数主要成员同它们周围的强国比较起来也很软弱，它们并不愿意听任外国强国的摆布；而皇帝从其分散的世袭领土上能得到强大的力量，他有兴趣保持一种与确保其家族的尊严相联系并使他成为欧洲第一君主的制度。一个脆弱的和不稳定的联盟，其主权在成员国，所以任何适当的改革都难以进行。麦迪逊认为如果日耳曼人能克服这个困难，那么它就将得到强大的力量和卓越的地位。（1871年普鲁士王国统一德国恰好就是这样的历史事件，统一后迅速强大起来的德国充分印证了麦迪逊这一预见的正确性。）

麦迪逊又指出波兰的例子是邦联制度造成灾难的最为惊人的证明，这种制度使得波兰既不能实现对内的自治，又不能实现对外的自卫，波兰早就听任其强大邻国的摆布了，它的强邻当时瓜分了它三分之一人口和领土。（众所周知，后来一段时期内波兰更是被俄、普、奥三国完全瓜分而亡国。）

麦迪逊接着讨论了瑞士和尼德兰的邦联制度。在他看来，瑞士各州当时的联合并不是一个邦联，即使有时人们把它作为这种制度的稳定性的例子。当时各州没有共同的国库、军队、货币、法院或主权国的任何其他共同的特征，各州是由下列原因联合在一起的：特殊的地理位置；各州本身弱小；对强大邻国的恐惧；人民的风俗习惯简单而相同，很少引起争执；各州关心自己的属地，为镇压暴动和叛乱需要互助，这种互助有明确规定而且是需要经常提供的；经常调解各州之间纷争需要某些永久性的规定——不和的双方各从中立州选出四名法官，如果他们意见不一致，就再选一名仲裁人，这个法庭在保证公正的誓言下宣告最后的判决，这种判决各州必须履行。麦迪逊接着指出，这个联盟无论在寻常情况下有什么样的效力，在发生考验其力量的争端时却失效了。在宗教问题上的一系列争执，曾在各州间引起激烈的流血斗争并事实上分裂了这个联盟。从那时起信仰新教的各州和信仰旧教的各州就都有了自己的议会，一切最重要的事情都在那些议会里进行调停，各州共同的议会除了关心共同的输出入税收以外很少有事可做，这种分裂还使各州同外国结成对立的联盟。

尼德兰联盟是当时欧洲的一个由若干贵族共和国组成的联盟，麦迪逊认为其结构和经历也充分给出了之前的一切教训。这个联盟由七个同等的主权州（又称省）组成，每一个州则由若干平等的独立城市组成。根据联盟的规则，在商议一切重要问题上，不仅各省而且各城市都必须意见一致；联盟的主权由国会代表行使，国会通常有由各省委派的五十名左右的代表，不同州的代表任职期限不等。国会有权签订条约和结盟、宣战与媾和、募集陆军和舰队装备、决定各省分担的税额和要求捐献，然而这些都需要各城市一致赞同和批准。国会还有权任命和接受大使、履行业已订立的条约和盟约、对进出口商品征收关税、管理国家财源（保留部分财源属于各省的权利），全权治理附属领土。未经各省一致同意，联盟内的各省不得与外国订约，不得征收不利于他省的进口税，或向其他各省居民征收高于向本省居民征收的关税。此外联盟还有一个国务议会、一个主计院和五个海事团来管理联盟。联盟的最高长官是执政官，他当时是一位世袭君主，他在联盟中的影响和势力主要来自头衔、世袭产业，以及他与欧洲某些主要统治者的家庭联系。联盟的执政官有时可能也同时是数省的执政官，因而他有权以省执政官的身份任命城市长官、执行省的命令，有时甚至能主持省的法庭，并有完全的赦免权。联盟的执政官还有相当大的特权：作为行政长官，他有权在其他方法失败时解决各省之间的争端、参加国会的审议工作和特别会议、召见外国大使、向外国宫廷派驻专门代表；作为陆军长官，他可以统率联盟军队、准备警备部队、全面管理军事事务、任命从上校到少尉的各级军官、安排设防城市的政府和官职；在海军方面，他是海军总司令，管理和指挥海军以及和海军有关的一切事务，亲自或由其代表主持海军部，任命海军少将和其他军官，设立军事议会且议会的决定必须由他批准才能执行；他的年金也很高，并且指挥着大约四万人的常备军。

以上都是书面上的旧尼德兰联盟的情况，其在现实中则经常出现以下场景：政府无能、各省不和，外国控制和侮辱，平时政府朝不保夕，战时人民则遭受灾祸。荷兰著名思想家格劳秀斯说过，使他的同胞不因自己政体的缺点而遭到毁灭的，只能是他们对奥地利皇族的共同仇恨。另一位作家则指出，同盟有一种看似足以维持和睦的权力，然而各省的嫉妒却使实践和理论完全不符。还有人指出，联盟要求每一省缴纳一定的税款，但是这个条款过去从来没有、将来也永远不会得到执行，因为没有商业的内地各省付不出与沿海各省同样数量的税款，在纳税问题上人们实际上放弃了宪法条款。在纳税问题上，不许拖延的威胁迫使那些同意的省不等待其他各省就付出它们的税额，然后用派代表或其他方法从其他省取得偿付，荷兰省的巨大财富和势力，使它能这样做，而且它还不止一次不得不用武力去征收差额。麦迪逊指出，在一个成员的力量超过所有其余成员的力量，而那些成员又因太小而不能策划抵抗的联盟时，这一方法虽然可怕但还切实可行。如果一个联盟中某些成员的力量和资源相近，那么它们就都能单独进行有力的和不屈不挠的防御，这种办法完全行不通。在面临危机的紧急关头，尼德兰联盟往往会被迫越过宪法范围，它签订的一系列条约往往背离了宪法上一致同意的原则。麦迪逊尖锐地指出，这样一种软弱无力的政体必然会以解散而告终，不是因为政府缺乏适当权力，就是因为政府为了人民安全而篡夺必需的权力，而篡夺一旦开始，是适可而止还是发展到危险的极端，就要看当时的情况了。他精辟地指出，在邦联中，有缺陷的政体因紧迫情况而僭越权力，专制便出现了，它很少源于充分行使最大的宪法权力。麦迪逊认为，虽然尼德兰联盟的最高长官经常制造出种种灾难，但如果没有这位长官在各省的影响，联盟中出现的混乱状态早就使联盟瓦解了。马勃雷神父指出，如果各省内部没有一个能够推动它们并统一它们思想的原动力，在这样一个政府形式下联盟绝不可能存在，尼德兰的原动力就是联盟执政官。威廉·坦普尔曾说过，在联盟最高长官空缺时，荷兰省因巨大的财富和权威而使其他各省处于从属地位，实际上填充了这个职位。上述因素并不是控制联盟混乱和瓦解趋向的唯一原因，周围的列强事实上使联盟在某种程度上成为必需，但成员们的阴谋又往往使联盟宪法上的缺点变本加厉，并使联盟在某种程度上经常任由摆布。他指出尼德兰真正的爱国者们长久以来就为这些致命缺点感到悲哀，并曾为纠正它而召开了特别会议。他们进行了四次试验以求改进，但每次都发现不可能使全民统一起来改革现行宪法。他们还设想过征收一种联邦当局管理的普通税，但也因为有人反对而失败了。尼德兰当时普遍动乱，各州之间纠纷不断，外国武力侵略，处于严重的危机之中。

麦迪逊最后指出，经验是真理的最佳判断，在经验的答复始终毫不含糊的地方，真理必然是明确而神圣的。这些古今邦联的众多例子明确昭示了如下重要真理：一种以统治者为对象的统治权，一种统辖政府的政府，一项为团体而不是为个人的立法，不仅在理论上是一个谬误，而且在实践上也破坏了国家法律的秩序和目的，会必然导致暴力代替法律，或者破坏性的武力高压代替温和而有益的行政制约。

二、美国成立联邦的必要性

麦迪逊在写给杰弗逊的一份报告中这样描述美国邦联时期的无序状况："我们的军队受到威胁，因为他们时常被解散或者靠自由地区来生活；公共财政空虚，公众银行的存款接近枯竭；而且我还听说代购人的私人信用也被利用得超出他们所能承受的程度。邦联政府向几个州推行某些计划，各州却根据私利重新评估那些计划；那些足以降低爱国热情的协作时的不信任感在各州之间也产生了同样的影响；旧的财政系统就像毫无用处的东西一样被抛弃，而取代其的新系统却并不稳定，在停止前者和启动后者之间，事情总的来说处于停滞状态——以上种种，就是对我们现在公共事务真实图景的大致描述。"在麦迪逊看来，此种情况下以强有力的联邦政府取代软弱的邦联政府势在必行。

麦迪逊将当时各殖民地组成联邦政府的必要性总结为以下四点：第一，它是防御外敌入侵的堡垒与和平的保卫者。第二，它是联邦范围内的商业和其他公益的保护者。第三，只有联邦的政府形式才能防止各州因为猜疑和嫉妒去建立其极易破坏自由的军事力量。第四，只有联邦的广阔范围才能适当地医治党争的弊病，这种弊病已被历史证明对民主政府是致命的，当时的邦联政府中也已显现出其征兆。

针对那种认为联邦因人口太多和地理范围太大而不可行的反对意见，麦迪逊认为这表现出他们囿于共和政府只限于一个狭小区域的错误观念。这种错误看法的产生和传播是由于人们把共和政体和民主政体混淆起来，并且把根据后者的性质得出的推论应用于前者。如前所述，在民主政体下人民会联合在一起亲自管理政府，共和政府中人们则通过选举的代表组织和管理政府。民主政体限于一个较小的地区，而共和政体能扩展到一个相当大的区域。麦迪逊认为共和制是民主制和代议制的伟大结合，虽然这两者早已分别存在于欧洲历史中，但并没有产生类似的政府先例。美国人民应该把这个伟大的结合视为自己的一项创造，这项结合使得范围广大的共和政体成为可能，新宪法中提出的联邦制度还能更充分有效地发挥这一结合的作用。至于从地理范围考虑共和制是否可行，麦迪逊认为，与民主制相似，共和制要求人民的代表们能够方便地集合而管理公共事务，众所周知，独立战争以来的各州代表们几乎不断地集合，距离国会最远的各州议员也没有因为比附近各州的议员中断出席会议的时间更长而有什么过失，因此地理因素不足为虑。如果把美国当时的地理范围与欧洲几个大国进行比较，人们也可以有把握地认为共和制度完全可以适应这个范围。

　　麦迪逊认为在讨论联邦政府时以下四点值得高度注意：首先，全国政府没有被赋予制定和执行法律的全权，它的职权仅限于某些固定的、同所有联邦成员有关，而任何个别成员的条款却又不能规范的对象；各联邦成员的政府将继续管理那些可以分别予以考虑的事物，并保持它们应有的权力和活动。实际上撤销各州政府对联邦政府而言是不可能的选择，因为这将使联邦政府也无法存在。

　　其次，《联邦宪法》的直接目的是保证最初十三个州的联合，这肯定能够做到；此外联邦内再增加由十三个州内部产生的或十三个州附近的其他州也是能做到的。对于当时美国西北边境上的零碎领土的安排还有待进一步的探索。

再次，《联邦宪法》所作出的新的改进将使整个联邦的相互交往更加便利，各处的道路会缩短并且保持更好的状态；旅客的招待设施将会增多和改善；东部的内河航运将在十三个州的整个范围内全部或几乎开放；西部地区和大西洋沿岸地区之间以及这两个地区内部的交通，借助于纵横交错的水道将愈来愈便利，而且可以用人工设施把它们连接起来。

最后，几乎州有一面是边境，出于对自己安全的关注，它们会为了全面防御而作出某些牺牲。那些离联邦中心最远、平时分享联邦利益最少的州，同时将是外国的近邻，在某些特殊情况下会最需要联邦的兵力和资源。对于佐治亚或西部或东北边境诸州而言，派代表参加政府可能不方便，但是它们单独与入侵敌人作战，甚至单独支付防备邻国威胁的费用会更大。所以，它们从联邦取得的利益在某些方面虽然较其他州少，但在其他方面却能取得更大的利益，而这就保持了适当的平衡。

麦迪逊相信美国同胞们会认识到这些意见的重要性和意义。他认为因许多感情联系结合在一起的美国人民，一定能像一个家庭的成员那样生活在一起，继续互相保护他们的共同幸福，并且成为一个值得尊敬和繁荣昌盛的伟大国家里的人。他认为有一种说法是胡言乱语，即制宪会议推荐给美国人民的那种政体在政治领域里是一种新奇的东西，最狂热的设计者也不会认同这种理论，而且它在轻率地尝试不可能完成的事情。麦迪逊认为，美国公民的血缘相通并且通过共同流血保卫了他们的神圣权利，这就使他们现在的联合神圣不可侵犯。同时制宪会议的建议全都是为了保证人们的自由和增进共同幸福，扩大共和国的尝试确实包含一些新东西，但美国人民对以前和其他国家的案例加以适当考查后，绝不应该让对古人、惯例或名声的盲目崇拜改变自己的良知、对自己处境的认识和自己的经验教训，明智地遵从后者正是美国人民的光荣所在。麦迪逊大胆地预测，美国政体上现在出现的许多有利于个人权利和公众幸福的新变革，不仅会让美国人的子孙后代，而且会让全世界人民因为在将来对这些变革有所借鉴而受益，后人们因此都会感激他们的这种大胆精神。他还指出，事实上在之前的独立革命中，如果革命领袖们没有采取一些前所未见的重要步骤，不建立这样一个并无先例的邦联政府，那么美国人民至今还会是错误指导的议会（英国议会）的悲惨牺牲品，最好的情况也不过是在某些破坏他人自由的政体的压迫之下从事艰辛的劳动。

　　麦迪逊认为，美国人民如果能够采纳这部宪法，那将不仅是美国的幸福，而且也是全人类的幸福。美国人民正在追求一种新的和崇高的事业，完成一次人类社会史上无可比拟的革命，建立地球上尚无范例的政府组织。他们设计了一个伟大的联邦，后继者则有义务改进它并使它永存。麦迪逊自信地指出，如果他们的工作有不完善的地方，那么人们在将来也只会因他们的缺点太少而感到惊奇。时至今日，不仅美国政治家、法官和学者们，而且全世界范围内众多的政治家和学者也都一直在从美国宪法和《联邦党人文集》中汲取智慧，我们可以公正地判定，麦迪逊的这种自信丝毫无过分之处。

第5章

联邦政府的权力

如果说联邦政府的设立是必要的，联邦政府和州政府的分离也是必要的，那么紧接着的重大问题就是联邦政府应该拥有哪些权力去实现自己的目标。在制宪会议以及随后宪法批准环节中，新宪法应该赋予联邦政府哪些权力始终是人们争论的焦点问题。麦迪逊认为邦联政府最大的缺陷就在于它的成员拥有独立的权力，邦联中没有一个独一无二的决策中心，也没有让一个决策中心执行权力的途径。在他看来，如强制是政治的基本理念一样，制裁则是法律的基本理念，现存的邦联政府在这两方面都极端缺乏，因此要建立取代它的联邦政府，必须削减各州的独立主权，将这部分权力让渡给联邦政府。

在当时的北美殖民地，各州长时间实行地方自治，州政府的权力普遍被认为是天然存在的，联邦政府权力对人们而言则是一个新鲜事物。刚刚通过艰苦的战争摆脱英国统治的多数美国人实际上也不可能接受一个高度集权的中央政府。同时联邦体制虽然对于美国的国家安全、经济发展、外交成功以及政治稳定有重要作用，但权力过大的中央政府的确有可能滥用权力，从而对人民的权利造成威胁，因此联邦政府的权力必须强大但有限。为了实现这一目标，制宪会议对授予联邦政府的权力采取了正面列举的办法，其拥有的权力以宪法授予者为限，其余权力则属于州政府。基于相关规定，麦迪逊对于新宪法授予联邦政府的各项权力进行了详尽的分析和有力的辩护。美国《联邦宪法》所规定的中央权力在很大程度上具有普遍性，当一些较小的政治体联合成更大的政治体时，都要处理类似问题。麦迪逊对这些一般性问题的讨论，显示了他深刻的理论洞察力。

麦迪逊认为对于新宪法授予联邦政府的权力，应考虑两个重要问题：第一，移交给联邦政府的那些权力是否都是必要和适当的。第二，交给联邦政府的权力集中起来是否会对各州剩下的权力构成威胁。此外麦迪逊对于一种现象也作了简要的评价，当时有人在反对授予联邦政府的权力时，总是详细论述各种不便，并且过分渲染那些能为公众服务的权力可能具有的弊端。在麦迪逊看来这类指责并无道理，因为在每一种政治制度中，增进公众幸福的权力都自然地暗含一种可能被误用和滥用的危险。在他看来，在所有有关授权的情况中，人们首先需要考虑的是某种权力对公共利益是否需要，其次才应考虑如何尽可能有效地防止滥用权力，避免损害公众利益。

一、联邦政府的六类权力

为了准确判断授予联邦政府的权力是否适宜，麦迪逊将授予联邦的权力分为以下六类并加以具体分析和判断，它们分别是：第一，防御外来威胁。第二，制定同外国交往的规定。第三，促进各州之间保持融洽和适当的来往。第四，处理公用事业的某些问题。第五，制止各州的某些有害行动。第六，制定使所有这些权力产生应有效力的规定。

防御外来威胁

　　麦迪逊认为属于这一类的权力包括：宣战和颁发逮捕特许证、设置军队和舰队、训练和召集民兵（此项麦迪逊未加论述）、募款和借款等等。

　　麦迪逊指出，防御外来威胁是文明社会的主要目标之一，也是建立联邦的基本目标之一，这个目标所需的权力必须有效地委托给联邦议会。人们普遍承认宣战权的必要性，当时的邦联政府就以最充分的方式确立了这种权力，而征募军队和装备舰队的权力也自然地包括在自卫权之内。对于和平时期是否和战争时期一样，需要给予联邦政府征募军队和设置舰队的无限权力问题，麦迪逊认为答案毫无疑问是肯定的，并且对此问题甚至不应该进行讨论，因为那些不能限制敌国进攻力量的人，没有任何适当理由来限制本国防御所需要的力量。如果《联邦宪法》能够束缚所有其他国家的野心或限制它们在这方面的努力，那么它就能够慎重地束缚本国政府的行动，并且限制其为本国安全而作的努力，除非人们能以同样的方式禁止每个敌对国家进行战争准备和编制军队，否则就绝对不能在和平时期禁止备战工作，因为防御手段只能根据进攻手段和进攻的威胁而定。在麦迪逊看来，备战的手段将永远决定于上述规则，反对用宪法阻碍自卫的冲动不仅是徒劳的，甚至更糟，因为它会在宪法中埋下篡夺权力的必要性的种子，而每一个先例实际上都会引起不必要的多次重复。如果一个国家保留一支训练有素的军队并准备实现其野心或复仇，这就迫使在这个国家冒险范围之内的其他国家，哪怕是最爱好和平的国家也必须采取相应的预防措施。

　　麦迪逊认为如下事实不可否认，在欧洲国家中，除了少数例外，自由都曾经是其常备军建制的牺牲品，虽然有时的确是一种必要的措施，但常备军的确可能会威胁自由。对一个共和国来讲，小而言之，常备军有其不便之处，大而言之，常备军的后果可能是致命的，因此从任何方面说来，常备军都是一件值得称赞的但同时要加以谨慎预防的事物。一个明智的国家会把这些事情综合起来考虑，但又不轻率地放弃采取与其安全攸关的任何方法，它会极其慎重地减少那种不利于自己自由的方法的必要性和危险性，而制宪会议提出的新宪法就充分表现出这种慎重态度，宪法所巩固和保卫的联邦本身，首先就消除了可能造成危险的军事建制的种种借口。联邦的各个州若是联合起来，只要少数军队，就要比彼此分裂而拥有十万名精兵的各州更能让外国的野心家望而生畏。由于其岛国的位置以及邻国军队难于攻破的海上力量，英国的统治者从未利用真实或虚构的危险来欺骗公众去扩大和平时期的军事建制，而美国与世界列强的距离，也给它带来了同样幸运的安全，因此只要各州人民继续联合在一起，危险的军事建制将永远是不必要与不合理的。人们应该时刻记住，只有联邦才能产生这种好处，联邦解体之日，就是以下新秩序的开始之时：弱小诸州的恐惧和强大诸州或邦联的野心，将在新世界里树立起与旧世界（欧洲）相似的秩序，它们的动机将与旧世界是一样的。如果人们没有根据北美洲的地理位置得到与英国类似的安全，美国就将重蹈当时欧洲大陆的覆辙，常备军和苛捐杂税会使自由遭到破坏。分裂的美国的命运甚至比欧洲国家更加不幸，后者的灾祸来源一般只限于自身范围之内，而在美国，不仅各州内部的嫉妒、争执和战争会造成种种苦难，欧洲的那些强国也会在敌对各州之间策划阴谋和煽动仇恨，使它们成为外国野心、嫉妒和复仇的工具，麦迪逊因此认为每个爱好和平、自由的爱国者都能够给予那些维持联邦的方法以应有的评价。

除了建立联邦以外，麦迪逊认为可能预防常备军威胁的最好措施是限制用于维持军队的拨款，而这种预防措施也已被慎重地写进了《联邦宪法》。有一种反对意见说英国维持军队需要立法机关每年投票决定，美国宪法则把这个关键时期延长到两年，因此会更加危险。但他认为这个比较并不恰当和公正，因为英国宪法对立法机关的权限未作任何具体规定，《联邦宪法》则限定众议院任职最长的任期为两年，更准确地讲，英国议院法未加限制，实际上却被议会限为一年。当时英国下院每七年选举一次，大部分议员由小部分人选举，如果选举者被代表收买，而代表又被国王收买，那么代表机关就拥有对军队无限期拨款的权力，很容易就把期限延长到一年以上，而在美国由全体人民每隔一年自由选举的联邦代表，无疑更能可靠地被授予明确限定为期短短两年的拨款权。

麦迪逊认为经过分析，人们能够一致地看出《联邦宪法》不仅能够最有效地防止来自欧洲的威胁，而且除了这一维护国防和联邦的宪法以外，没有更好的节省常备军的方法。建立联邦使得不必扩大各州的军事建制，从而避免人民财产负担过重和自由受到摧残。一个统一的、有效的政府下的任何必要的军事编制，不仅人民在财产上可以负担，而且对其自由也是无碍的。宪法中准备和维持一支海军的权力的部分基本未遭非难，少数其他部分也得以幸免，这主要是因为美国联邦政府将是海军力量的唯一拥有者，这将是它防御外来威胁的主要手段，在这方面美国与英国相似。而海军的性质（不适宜于被政府用于镇压人民）使其成为最能用来抵抗外国危害国家安全行为的武力后盾，而不会被一个背信的政府变成反对人们自由的东西。在美国当时的情况下，容易直接遭受这些灾祸的沿海各州并不能从有名无实的邦联政府得到可靠的保护。如果没有联邦政府，它们本身的资源仅够建造一些防御性的工事，想要保护的东西没法保护。

募款和借款的权力与国防建设直接相关，因此也被归入这一类别，麦迪逊相信人们都能够理解宪法中所规定的这种权力是完全必要的。一些人主张把权力限于对外国进口的商品征税，麦迪逊认为虽然这是税收的宝贵来源，且在相当长的时间内也会是主要来源，但是人们应该想到从对外贸易得到的税收必然会随着进口货物的多少和类别的变化而改变，而且这些变化与人口增长的公众需要有时并不一致。随着国内农业和工业结构的变化，税收制度也应加以调整从而促进经济发展，有时候甚至有必要变进口税为补助金，因此进口税所能提供的财源并不稳定，而一个打算长期存在的政府制度必须考虑这些变革，并且能够自行适应这些变革。有些人并不否认征税权的必要，但他们认为宪法中规定这种权力的措词是不恰当的，他们认为"征收税款、关税、进口税和国产税，用以偿付债务和供应合众国国防和公共福利"的权力，等于无限制地授予行使被认为是国防或公共福利所需要的一切权力。麦迪逊认为这种意见根本不值一驳，因为这是常用的一种措辞方式：首先使用一般性的措辞，其次详述细节来说明并修饰这个说法。

外交权力

新宪法赋予联邦政府的第二类权力是管理外交的权力，即缔结条约，委派和接见大使、其他公使和领事，判决和惩罚在公海上所犯的海盗罪、重罪以及违犯国际法的罪行，管理对外贸易，包括1808年以后禁止输入奴隶，并且按每名奴隶征收十美元的居间税来阻止这种进口等权力。麦迪逊认为这类权力也无疑应该属于联邦政府。

在麦迪逊看来，缔结条约和委派与接见大使的权力是理所当然属于联邦政府的，两者也都包括在《邦联条例》中，唯一的区别是新宪法使联邦政府摆脱一个例外条约的制约。根据那个例外条约，邦联的缔结条约权实际上被各州条例破坏了。任命与接见"其他公使和领事"的权力被添加到《邦联宪法》中了，按照邦联条款，"大使"严格讲只指最高级的公使，而不包括其他各种职务的公职人员，且无论如何解释都不可能包括领事，但邦联政府在实际的对外事务中经常派遣级别低的公使，还委派和接见领事。是否允许外国领事进入美国，之前的条约和各州都没有规定，《联邦宪法》则补充这个遗漏，这是制宪会议对邦联条款加以改进的一个小例子。麦迪逊认为，当规定的细节有助于预防篡权时，这些细节规定其实就变得重要了。他指出由于邦联政府的缺点而导致的国会不得已违反其特许权力的一系列事例，会使那些不注意这类问题的人大吃一惊，而新宪法的优点之一就是对旧宪法的次要缺点和严重缺点都同样慎重对待。

明确划定并惩治公海上所犯的海盗罪、重罪以及违犯国际法的罪行的权力，麦迪逊认为同样应该属于联邦政府，这是对邦联条款的一项重大改进。新宪法的条款中并没有违犯国际法案件的具体条文，因而不会让任何轻率的成员使联邦政府与外国闹纠纷。旧宪法对有关海盗罪和重罪问题只规定建立法庭来审理这些罪行，给海盗罪下定义则留给国际法去处理。但重罪是一个意义含糊的术语，任何国家的习惯法或成文法都不应该作为审判重罪的标准，为了明确和一致，把给重罪下定义的权力交给联邦政府，从各个方面来看都是极为必要和适当的。

麦迪逊认为对外贸易的管理也适宜交给联邦政府。对于禁止输入奴隶的权利条款，虽然许多人都希望不要将该政策推延到1808年而应该立刻执行，但他认为这个条文实际上也是能够加以合理说明的。他认为它确立了人道方面的一个重大目标：二十年后所有的州都应该永远结束野蛮蒙昧的奴隶贸易。在此二十年间，奴隶贸易将会遇到联邦政府设置的许多阻碍，而且联邦大多数州当时已经作出了禁止这种贸易的规定，在少数几个继续从事这种违背人道的贸易的各州一致同意下，这种贸易有可能在这期间被完全废除。奴隶问题在制宪会议中是北方各州与南方蓄奴州争论的一个焦点问题，麦迪逊明确地反对奴隶制，但为了使宪法能够顺利制定和通过，还是采取了妥协的方式。

管辖州际关系的权力

麦迪逊认为这一类权力可以包括对各州权力的某些特殊限制、司法部门的某些权力以及下列权力：管理各州间及其与印第安部落之间的贸易；铸造货币，规定其价值和外币的比价；规定对伪造合众国通货和证券的惩罚；规定度量衡标准；制定一致的归化条例和破产法；规定证明各州的公法、案卷和司法程序的方式以及它们在其他各州的效力；设立邮政局，修筑邮路。

麦迪逊指出，当时邦联政府在管理某些成员之间的贸易方面所存在的缺点已被经验充分证明。如果没有这个条款，联邦政府管理对外贸易的重要权力将会是不完全和无效的，这项权力的一个重要目的是使内陆州免交沿海州向它们征收的不适当税款，假使后者可以管理州际贸易，那么可以预料它们会在进出口货物经过它们的管辖区域时，设法把税款加在出口货物的制造者身上和进口货物的消费者身上。根据以往的经验，这种现象必然会产生，它会助长无休止的仇恨并严重干扰公共安定。明智的人们可以看到，商业州想用任何方式从非商业州的邻近各州征收间接税是不公平和失策的，因为这样会促使非商业州出于愤怒和利益上的考虑而依靠不那么方便的外贸途径。麦迪逊指出，一种可悲的景象在现实中经常出现，即以扩大整体和长久利益为目标的温和的理智呼声，总是被急于满足眼前利益和过分贪欲的喧闹声所淹没，而由联邦政府掌管这一类权力将使得这类可悲现象消失。

修改《邦联条例》中关于管理同印第安部落的贸易限制性规定也是非常适当的，因为这些规定含糊不清且自相矛盾。《邦联条例》的规定如下：邦联政府有权处理与非各州成员之印第安人之贸易与一切事务，唯不得损害各州在其州界内之立法权。对于哪一类印第安人应该看作哪一州的成员，至今是一个尚未决定且纠缠不清的问题。另外一些印第安人虽然不属于某个州的成员，但却居住在其立法权限区域，要由一种外来权力对其进行管理却不侵犯一州内部的立法权无疑是不可能的。麦迪逊指出这不是《邦联条例》力图去做那些完全办不到的事情的唯一例子，它在多处力图使邦联的部分权力同各州的全部权力调和一致，而这实际上是做不到的。

在铸造货币、规定币值和外币价值的权力方面，新宪法考虑到外币价值的情况补充了《邦联条例》对这方面的重要遗漏。当时邦联国会的权力仅限于管理自己的职权以内或各州职权以内所铸造的货币，然而人们必须看到，拟议的通货价值的统一可能会由于各州的外币管理规章不同而遭破坏。伪造通货和公债，当然也要由保障两者价值的权力来惩罚。度量衡的管理则是从《邦联条例》中转移过来的，其理由和上述管理货币权力的理由是一样的。

归化条例的不一致早就被人们指出是邦联制度的一项错误，而且它还导致了一些错综复杂的难题。《邦联条例》第四条中宣布："这些州的每一州的自由居民（贫民、流浪者和在逃犯除外）有资格得到某些州的自由公民所享有的一切优待和豁免权；各州人民将在其他各州享受贸易和通商的一切优惠。"麦迪逊认为这里一些字句上的混淆值得注意，因为条款中一部分用"自由居民"，而另一部分却用"自由公民"，其他部分又用"人民"。这些不同措辞会产生这样一种解释，即被称为一州的自由居民的人，虽然不是该州的公民，却有资格在其他各州享有当地自由公民的一切权利，也就是说享有的权利比他们在自己州内更大，意味着某一州不仅有权把其他各州的公民权利授予允许在本州内得到这些权利的任何人，而且还能授予允许成为该州管辖范围内居民的任何人。如果将"居民"的解释限于公民，困难也只会增加而不是消除，因为各州仍将保留归化其他各州居民的不适当的权力。因为在某一个州里，可能短时期居住就能被确认享有公民的一切权利，而在另一个州里可能需要更严格的条件，因此就有可能产生这样的情况：在一州按照法律无资格取得某些权利的外来居民，只因为以前曾在另外一州里居住过，就能逃避其没有资格的问题。如此一来，一个州的法律在另一州的管辖范围内竟荒谬地高于当地的法律。在麦迪逊看来，现在邦联内没有遇到这些严重的困难只是因为侥幸和偶然，这个有缺陷的法律在实践上会导致很多无法预防且性质极其严重的后果，而新的《联邦宪法》则纠正了这个问题，采用的办法就是授权联邦政府制定适用于合众国的一致的归化条例。

麦迪逊认为制定统一的破产法的权力与贸易管理非常密切，并且能在诉讼当事人或其财产所在或移入别州的地方防止各类欺诈行为，其便利之处也不必多言。普通法规定统一的证明各州的公法、记录和司法程序的方式，以及它们在其他各州所产生的效力的权力，也是对《邦联条例》中相关问题的重要改进。这种权力会成为司法审判的便利工具，对处理发生在相邻各州的边界线上的案件尤其有利，因为在那里应受裁判的动产有可能在审判过程中突然被秘密转入外州管辖的范围之内。

他认为修筑邮路的权力无疑是一种有益无害的权力，它可以为公众带来极大的便利，而且凡是有助于促进各州之间交往的事情事实上都是值得公众关心和支持的。

公用事业问题

《联邦宪法》授予联邦国会"对著作家与发明家的著作与发明，给以定期的专利权，以促进科学、技术发展"的权力。麦迪逊认为这项权力无疑是有益的，作家的著作权在英国已被确认为《习惯法》中的一项权利，发明权基于同样的理由也应属于发明家。他认为在这两种情况中，公益与个人的要求完全吻合，至于各州不得对著作权或发明权擅自作出有效的规定，大多数州之前对邦联国会提出并通过的相关法律都已经表示了同意。

"对于由某些州让与，经国会接受，现为合众国政府所在地的区域（其面积不超过十平方英里），无论在何种情况下，行使绝对立法权；对于经所在州议会同意而购置的，用以建造炮台、军火库、兵工厂、造船所，以及其他必要建筑物的一切地方，也行使同样的权力。"麦迪逊认为联邦政府对政府所在地行使全部权力是不证自明的必然需要，这是联邦立法机关行使的一项权力，这也是全世界的每个中央议会根据其最高权力所行使的权力。如果依靠联邦政府驻地所在的州来保护联邦政府行使职权，不但会给联邦政府带来软弱和畏惧的污名，也使其他各成员州感到不满意。而且随着联邦政府的逐步完善，它将成为一个极为重要且庞大的公众抵押品，因而更不能交到某一个州的手里，以防止它对联邦政府的迁移制造困难，甚至剥夺其必要的独立。他还认为对这个联邦地区的范围应该有充分的限制，以平息各种嫉妒之情，将一个地区划作此用必须经让与州的和居住在此地区公民的同意。在拟设定的联邦地区中，当地居民将在对他们行使权力的政府的选举中有发言权，并且得到一个他们自己选举的且只为当地服务的市议会，想来他们会因为获得此种权利而同意这一让与行为。在获得州议会和被让与部分地区居民的同意以后，所在州的其他人民则会通过支持宪法表示同意。管理联邦政府所建立的炮台、军火库等的权力也明显有其必要性，因为在这些地方所花费的公款，存在那里的公共财产，不应受制于某一个州的权力。整个联邦安全所系的那些地方，在任何程度上依赖联邦的某一成员都是不适当的。麦迪逊认为只要有关各州对上述每一项建筑物表示同意，在这一问题上便可以消除一切异议和顾虑。

"宣布对叛逆罪的惩罚，但是凡因叛逆罪而被褫夺公权者，除本人在世时期外，概不得损害亲属产业继承权，或没收其财物。"叛逆罪有可能是背叛合众国的罪，联邦当局应该能够惩罚它。作为自由政府的天然产物，新式的和虚构的叛逆是极端的派别通常用以发泄仇恨的重要手段，制宪会议非常谨慎地给这种特殊的危险筑起了防栅，不仅把犯罪的定义写进宪法，规定了定罪所必要的证据，也要限制联邦国会在惩罚这类罪行时，把罪行的后果扩大到犯罪者本人以外。

"凡未经有关各州的议会和国会的同意，不得接纳新州加入联邦，也不得在任何一州的管辖范围内建立新州，也不得联合两州或更多的州或某些州的局部地区而建立新州。"《邦联条例》没有提及这个重要问题，它还有加拿大地区有权参加合众国的条款，而对其他英国殖民地是否可以加入邦联则必须由九个州斟酌决定。邦联条款的制定者实际上忽略了建立新州的可能。当时人们已经看到这个遗漏所造成的不便，以及它导致了国会僭权的情形（邦联国会在西部地区建立一些新的政府），新制度则恰当地弥补了这个缺陷。麦迪逊指出未经联邦政府和有关各州当局的同意不得建立新州的预防办法，是同管理这类事务的原则相符的。未经某州同意不得将该州分割而建立新州的预防办法消除了大州的猜忌，未经某些州的同意不得将它们合并成为一个州的预防办法则消除了一些小州的猜忌。

"处理属于合众国领土或其他产业并制定与此有关的一切必要的规则与条例，其条件是：不得对本宪法作出有损合众国或任何一州的权利的解释。"麦迪逊指出这是非常重要而且必要的一种权力，其理由与上一条款类似，而且这一附加条件由于当时各州在西部领土问题的猜忌和疑惑而变得必不可少。

"保障联邦内各州的共和政体；保护各州抵御外侮，应立法机关或政府的请求（当州议会不能召集时）对付内乱。"麦迪逊认为在一个以共和原则为基础并由共和政体成员组成的联盟里，行使管理职能的政府显然应有权保卫共和制度，防止贵族式或君主式的改革，而且联合越密切，各成员对彼此的政治制度也就越关心，它们保持结盟时的各成员现有政体的权利也就越大。人类的历史也屡次证明，原则和政体不同的政府对任何类型联盟的适应都不如性质相似的政府。孟德斯鸠曾指出，"因为德意志联盟中包括一些从属于不同诸侯的自由城和小州，经验便告诉我们，它比荷兰和瑞士联盟更加不完善"，"一俟马其顿王在安菲替温联盟中取得地位，希腊就解体了"。当时有人对此条款提出两个问题：第一，这样一种预防办法是否必要。第二，这些规定是否会成为联邦政府未经某些州的同意就改变其州政府的借口。麦迪逊认为这两个问题不难回答。就第一个问题而言，如果实际情况并不需要联邦政府的干预，那么宪法这方面的条款就是无害多余的东西。但是其存在本身还是有意义的，因为我们要预防因某些州的任性、某些领袖的野心以及外国阴谋和影响而进行的破坏共和政体的尝试。就第二个问题而言，麦迪逊认为也无须多虑，如果联邦政府凭借宪法上的这种权力进行干预的话，这种权力也至多只会扩大到保证共和政体。只要各州使目前的共和政体继续存在，它们就能得到《联邦宪法》的保证，而当各州要用其他类型的共和政体来代替目前的共和政体时，它们有权这样做且有权要求联邦对后者给予保证。对各州的唯一限制就是它们不能用反共和政体来代替共和政体，麦迪逊认为这个限制并不会在人民中遭遇反对。

就抵御外侮而言，麦迪逊认为这显然是每个社会都应该做到的事情，而此处的"保护"不仅指每一个州要防御外敌的侵犯，还包括防止小州受到强大的邻州的野心威胁或存心复仇。古今联盟的历史证明，一个联盟中的弱小成员是需要这个条款的，而且他认为加上"防止内乱"的条款是同样适当的，历史上瑞士各州就曾为此目的作出规定，当时美国发生的一次著名事件（1786～1787 的谢斯起义）也警示人们应该对类似事件作好准备。有的人会觉得防止内乱的条款没有必要，因为初看起来这一条款只有在如下两个假定之下才有必要：其一，一州内部的多数人在共和政体下没有足够的权利；其二，一州内部的少数人会有力量推翻多数人支持的州政府。单纯根据共和政体的抽象原理，这两项假定的确不合理，联邦对内乱的干预似乎也是不必要的，但是这个理论原则必须由实践中的教训来纠正。因为在现实中，一个州尤其是一个小州的多数人，正如一州中某个县的多数人一样，的确是有可能非法地结合起来的。如果在后一种情况下州当局应该保护地方长官，那么在前一种情况下联邦当局也自然应该支持州当局。此外，各州宪法的某些部分与《联邦宪法》密切相关，对一个进行猛烈打击必然会伤害另一个。事实上，除非一个州内的叛乱所牵涉的人数与支持政府者势均力敌，否则很少会引起联邦的干预，而如果万一发生了这种情况，那么由最高当局镇压暴乱要比让州内多数人用顽强的流血斗争来维持州政府要好得多。实际上联邦干预权存在本身通常就能消除行使这种权力的需要。

麦迪逊进一步解释到，在共和政体下，力量和权力并不必然都在同一方。人数较少的一方有可能在财源、军事才能和经验以及获取外国的秘密援助方面具有优势，因此他们在诉诸武力方面可能会占据优势。如果军事上是少数人一方占据优势，而多数人一方又不能迅速集中使用其力量，他们很可能会处于不利地位。麦迪逊尖锐地指出，当衡量对立双方的真正力量时，用人口调查方法或选举的规则来预测胜利是再虚幻不过的了！在他看来，随着外来居民的增加，冒险家或州宪法未承认其选举权的人们的偶然汇合，公民中的少数在特定情况和区域内会成为多数人。一些州内的很多居民在正常管理的稳定时期是遵纪守法者，但在内乱时期，他们就会加入对峙的双方。在难以决定正义在哪一方的情况下，对两个短兵相接且要把对方加以分裂的狂热地区而言，未受地区狂热影响的联邦代表无疑就是最好的仲裁人，因为只有他们会把同胞间的友情同法官的公正结合起来。有人对此问题还提出质疑，他们想知道假如出现一次蔓延到所有州、在全部力量中占优势的暴乱，此时应该用什么方法来加以纠正。麦迪逊坦诚认为这种情况无法加以挽救，但他转而指出，《联邦宪法》的最可取的一个优点就是它实际上能有效消除这种重大而致命的灾祸。正如孟德斯鸠所列举的联邦共和国的优点中，重要的优点之一就是"如果在一个州内发生民变，其他各州能够平息。如果弊病蔓延到某一部分，那些保持健全的部分就能把它铲除"。

"凡在本宪法通过以前欠下的债务和签订的契约，按照本宪法，一律对合众国有效，与在邦联之下无异。"麦迪逊指出这是一个宣告性的建议，将其写入宪法是为了使合众国的外国债权人感到满意，他们在其他地方对如下情况并不陌生，即人类社会政体的变更具有解除该国家道义责任的奇妙效果，宪法的这个条款就是要改变这种情况。一些人在对宪法的批评中提出，原有契约的效力应该维护，而不论其对合众国是否有利，此应作为规定而非建议。在他们的眼里取消契约是一种反对国家权利的阴谋。契约在性质上是互惠的，一方维护其效力也就必然意味着另一方也维护其效力。至于这一条款为何只是公告性而非确有所指，麦迪逊指出在当时的情况下这个原则性的建议已足以应付一切情况，批评者们应该知道，每部宪法应使其预防办法能应付并不能完全设想到的危险。实际上不管是否有这条宪法上的宣言，政府用政体变更的口实来豁免属于公众债款的实际危险是不存在的。

"未来准备提出的修正案，由四分之三的州批准，唯有两个条款例外。"针对此条款，麦迪逊指出，人们应该预见到未来的经验会使宪法有必要作出有用的修改，因此《联邦宪法》必须为提出修改方式作出具体规定。制宪会议所提出的上述修改方式事实上是很恰当的，此种方式既可防止宪法变化无常，又可防止在将来发现的错误永远得不到纠正。两个例外条款的提出与当时各州的实际情况密切相关，不用多作解释：其一是1808年之前联邦政府不得制定有关奴隶输入的条款；其二是不得制定修正案剥夺各州在参议院的平等代表权。

"本宪法如经九个州议会批准，即可在批准各州间成立。"麦迪逊认为这一条的合理性是不言而喻的，单是人民的明确权力就能给予宪法应有的合法性。如果要求十三个州一致批准，那就是使全体成员的重要利益受制于某个成员的反复无常或腐败，人们根据切身经验也很容易理解这一条款的合理性。麦迪逊指出此处主要存在两个问题：其一，根据何种原则，作为各州联盟的庄严形式而存在的邦联未经其成员的一致同意可被更换？其二，批准宪法的九个或九个以上的州和未参加批准的其余少数州之间存在着什么关系？对第一个问题，麦迪逊认为考虑到更换的必要性以及其涉及自卫的重大利害关系，以及自然之神的法则——一切政治制度的目的在于谋求社会的安全与幸福，所有这类制度以此为目的，第一个问题可得到回答。具体原则为何，人们可以从邦联条约中找到答案。邦联政府的缺点之一是一些州对它的义务仅限于在立法上的批准承认，而根据互惠原则，其他各州对邦联条约的义务也应减少到这一标准。一般而言，各独立国之间的盟约，效力不应超过各缔约国之间的盟约或条约，而在条约问题上人们普遍承认一些既定原则：条约中所有条款都是互为条件的；违犯其中一条就是对整个条约的破坏；任何一方违犯，就解除了条约对其他各方的约束，使它们有权在愿意时宣告盟约被违犯和无效。在邦联中人们已经碰到类似情况，但当时人们没有应用这些原则，而现在其实也如此。不过人们可以通过上面的讨论明白，各州盟约的解除并非只有各州都同意才是正当的。第二个问题出于假设，当真正出现时人们才能对其认真考虑。麦迪逊推测如果真的只有部分州批准，虽然在同意的州和不同意的州之间不会存在政治关系，但它们道义上的关系仍旧不会消除，双方的正义要求仍将有效而且必须得到实现，人类权利在一切情况下仍应该得到充分的互相尊重。麦迪逊相信对共同利益的考虑，尤其是过去的联合基础能够促使各州迅速战胜重新联合的障碍，最终对批准新宪法采取稳健和谨慎的态度。

对州权的限制

新宪法中对州权限制的相关规定如下："各州不得加入任何条约、同盟或联盟；不得颁发逮捕特许证和报复性拘捕证；不得铸造钱币，不得发行信用证券，债务偿付只许用金银作为法定货币；不得通过褫夺公权的法案、溯及既往的法律或损害契约义务的法律；不得封赐任何爵位。"

麦迪逊认为，禁止各州加入任何条约、同盟和联盟是《邦联条例》的一部分，被录入新宪法无须说明理由。禁止颁发逮捕特许证是旧制度的一部分，但在新制度中多少有点扩充。根据前者，各州在宣战后可以颁发逮捕特许证；而根据后者，在宣战以前和在战时都必须由合众国政府颁发此种证件。这些改变是完全合理的，因为与外国打交道时能够一致，凡是要由联邦负责的，各州应对联邦负直接责任。

邦联政府时期铸造钱币的权力属于各州，规定成色和价值由国会专有，各州与国会共同执掌其余权力。新条款对旧条款进行了改进，因为既然成色和价值决定于国会权力，各州有造币权就只会增加许多费用浩大的造币厂，还会使通货的形状和重量多样化，使得联邦政府的权力无法实现。旧条款的本来目的是防止把金银交给中央造币厂改铸而造成不便，在联邦权力下建立地方造币厂也能解决这个困难。麦迪逊相信禁止信用证券扩充的条款会使所有公民感到满意，他认为人们对此条款的赞同源于每个人的正义感及其对共同繁荣的真正源泉的理解。在他看来，独立战争结束以后，美国由于纸币滥发，人与人之间的信任、人们对公众会议的信任、人们的勤勉和道德，以及共和政府的性质等方面都受到严重损害，其实应该由各州对这项轻率措施造成的过失负责。如果不取消各州铸造的权力，它会在长时期内令人不满，只有各州自愿牺牲此权力才能对现状加以纠正。除此以外，各州不得随意用纸币来代替硬币，如果各州有权规定硬币的价值，就会有各种通货，这样就会阻碍各州之间的交往，还会使其他州公民在兑换货币中遭受损失而引起各州之间的仇恨。外国公民同样可能因此受到损失，整个联邦会因某一个成员的轻率而名誉扫地，遇到麻烦。麦迪逊认为各州发行纸币所产生的弊害绝不亚于铸造金币或银币。各州以金银以外的东西来偿还债务的权力也在新宪法中被撤销了，其原因与发行纸币相同。

麦迪逊指出，褫夺公权的法案、溯及既往的法律以及损害契约义务的法律，毫无疑问违反了民法的首要原则和健全的立法原则。前两者在某些州宪法的前言中被明确禁止，因为其与宪法的精神和目的不相容，但经验教导人们必须对这些危险进一步预防，制宪会议因此加上了这个宪法条款。制宪会议在拟定这些条款时还考虑到选民的感情和利益，美国人民对邦联国会朝三暮四的政策感到担忧。他们看到影响私人权利的突变法律和随意的立法干涉，一方面使投机成为一些人的专利事业，另一方面成为比较勤奋却消息不灵通的人的陷阱，而且实际上一次立法干涉往往是一系列干涉的开始，前一次干涉的结果总会自然引起以后的干涉。对这一弊病应该进行彻底的改革，这种改革应该能排除在公共措施方面的投机，使得人们普遍慎重而勤奋，并使得社会能照常规稳定运转。

禁止赐予任何爵位是邦联条款的既有规定，而且也不符合新宪法的共和精神，因此不需要进行具体说明。

新宪法还规定："各州未经国会同意不得对进出口商品征收任何进口税或关税，除非此种课税为执行检查法所绝对需要。任何一州对进出口商品所课的关税和进口税，其净收入应归合众国国库使用，而此类征税的法律得由国会修正和监督。各州未经国会同意不得征收任何吨位税，不得在平时拥有军队或舰队，不得与另一州或某一外国订立任何协定、盟约；除非真正受到侵犯，或遇到刻不容缓的紧急危机，均不得从事战争。"麦迪逊指出许多证据已经证明进出口贸易必须由联邦统一管理，因此限制各州进出口商品的权力自然是顺理成章的。麦迪逊认为在这个问题上只需说明如下一点：联邦政府对限制方式应该郑重考虑，既要便利各州行使其对进出口商品的合理决定权，又要对滥用这个决定权合理地限制。

制定使上述权力产生应有效力的规定的权力

宪法中对此部分规定的第一条内容如下："为实施上述各

种权力而制定一切必要与适当的法律的权力，以及经本宪法授予合众国政府或政府某一部门或单位的其他一切权力。"

宪法中这一部分在当时遭到非常猛烈的攻击，麦迪逊认为对它进行公正的研究后，人们会发现这一部分实际上是无懈可击的，因为如果没有这项实权，整部宪法将是一纸空文。那些反对将这一条款作为宪法一部分的人，只能说条款的形式不适当，但其实并没有更好的形式。对这个问题，宪法的条款可能采用另外四种方法表态：其一，抄袭现行邦联条款第二条，禁止行使任何未经明确授予的权力；其二，从正面列举"必要与适当的"这一笼统说法所包括的权力；其三，从反面列举那些权力，详细说明笼统定义所未包括的权力；其四，对这个问题完全保持沉默，让人们去解释和推断这些必要与适当的权力。

在麦迪逊看来，如果制宪会议采用第一种方法，即采用邦联条款第二条，新国会就会像旧国会那样或者把"明确"解释得极严，以致解除政府的全部实权，或者解释得极宽，以致完全取消限制的力量。实际上邦联条款授予国会重要权力时，都要对原则或原则含义进行说明，并由国会执行。由于新宪法所授予的权力更为广泛，采用该方法，新政府处境会更加为难，它要么无所事事而背叛公众利益，要么由于行使必不可少的和适当的、同时未曾明确授予的权力而违犯宪法。因此这种方法显然是不可行的。

制宪会议试图正面列举实施其他权力所必需的和适当的权力，就会涉及大量与宪法有关的具体权力。这一条款不仅要适应现有情况，而且还要适应将来可能发生的一切变化，因为每次运用一般权力时，特定权力作为手段必然经常随着目的不同而正当地发生变化。这种做法实际上也行不通。

列举实施一般权力所不需要或不适当的某些权力或手段，实际上也是一个不切实际的任务，因为列举项目中的每一项其实都相当于正面授予权力。如果只列举其中一部分例外，把其余情形笼统称为"不必要的或不适当的"，必然会发生所列举项目只包括少数例外的权力，而未涉及的权力实际上未必是可取的。在负面列举时，人们当然要选择那些最不必要或最不适当的权力，其余不必要的和不适当的权力可能没有被强制排除在外。

如果宪法在这个问题上只字不提，其寓意必然是作为执行一般权力的必要手段，而一切特别权力都归政府执掌。如果制宪会议采取这种方法，现在的每个反对意见可合理存在，而且还会造成一种真正的不便，因为它并没有消除在紧急情况下可能使联邦主要权力成为疑问的口实。

有人担忧并质疑国会会对宪法的这一部分条款作出错误解释，并且行使与宪法真意不符的不正当的权力。针对这一问题，麦迪逊认为这种情况与其他被授予国会的权力被错误解释或扩大的情形是一样的，与各州议会违犯各自的宪法也是类似的。在现实中，国会的这种篡权的首要障碍是联邦的行政和司法部门，因为是它们具体解释法令并使之生效；此外这种篡权还可以从人民那里取得矫正办法，因为他们能通过选举比较正直的代表来取消篡夺者的法令。麦迪逊认为用后一种办法来矫正联邦议会违宪法令更加可靠，因为联邦议会的每一条违宪法令都将侵犯州议会的权利，这些州议会能及时注意某种改变并向人民敲起警钟，并且利用其地方势力来更换联邦代表。相比之下，由于州议会和人民之间并无这样的中间机构，所以违犯州宪法多半不会受到注意，也不会得到纠正。

宪法中对此权力的第二个条款内容如下："本宪法和合众国依此制定的法律，以及根据合众国的权力而缔结或将要缔结的一切条约，皆为本国的最高法律；各州法官必须受其约束，而不问该州的宪法或法律是否与此相抵触。"

麦迪逊认为一些宪法反对者对这一部分进行的攻击也是毫无道理的，如果没有这一部分将产生明显和根本性的缺陷。假定有一些州保留了一条有利于州宪法的条款，它能使州宪法成为至高无上的东西，那么就会产生以下问题：首先，因为这些州宪法授予州议会绝对的自主权，新宪法中包括的一切权力，凡是超出列举的都会被取消，新国会就处于与其前任同样没有实权的状态；其次，某些州的宪法并未明确而完全承认邦联的现有权力，如果明确保留州宪法至高无上的权力，在这些州里，新宪法包含的每种权力都成为问题；最后，由于各州的宪法彼此大不相同，所以可能某些州重要的一个条约或法律，同某些州的宪法抵触，而同另外一些州的宪法并不抵触，结果在某些州里是有效的，在其他一些州里却无效。如果事情果真如此，麦迪逊认为会出现中央权力服从于各州权力的现象，而国家形同一只头脑听从四肢指挥的怪物。

　　相关的第三条内容如下："参议员和众议员、某些州议会的议员，以及合众国和各州的一切行政和司法官员，均须宣誓，或正式表明拥护本宪法。"有人质疑为何各州长官必须支持《联邦宪法》，而合众国官员却不必同样宣誓支持州宪法。麦迪逊认为有以下三个理由：首先，联邦政府成员对州宪法的执行不起作用；其次，州政府的成员和官员对《联邦宪法》的执行将发挥重要作用；最后，总统和参议院的选举将决定于某些州的议会，众议院的选举同样先决定于州议会，并且可能永远由各州官员根据法律来进行。

　　在宪法中使联邦权力生效的条款，还包括那些属于行政和司法部门的条款，麦迪逊未对其作专门研究。在详细考查了上述新宪法授予联邦政府的权力的所有条款以后，麦迪逊认为可以得出一个无可否认的结论：《联邦宪法》所赋予联邦政府的权力中，没有任何权力对实现联邦的必要目标是不需要或不适当的。

二、联邦权力与州权

麦迪逊指出，在讨论联邦权力和州权的问题时，一些反对制宪会议计划的人不首先考虑为实现联邦政府的目的需要多少权力，却费尽心机地去研究联邦权力对各州政府可能产生何种后果。他认为联邦政府对于美国人民防御外侮、防止各州之间的争执和战争、抑制危害各州自由幸福的激烈党争以及危害性的军事建制都是必不可少的，一言以蔽之，联邦政府对促进美国人民的幸福是必不可少的。如果因联邦政府的存在可能会贬低各州政府的作用便对其加以反对，那绝对是荒谬绝伦的。在美国革命和成立美国邦联的过程中，许多美国人民勇敢地献出了生命和财富，他们之所以如此是为了享受和平、自由和安全，而绝不是为了让各州政府和地方机构可以享有某种程度的权力，以及利用主权的尊严或标志把自己装饰一番。全体人民的公益和真正幸福才是人们应该追求的最高目标，任何政体除了努力达到这个目标以外，别无其他价值。麦迪逊指出，如果制宪会议的计划不利于公众幸福，他就主张否决此项计划；如果联邦本身不符合公众幸福，他就赞成废除联邦；如果各州的主权不利于人民的幸福，相信每个公民都必然会赞成让前者为后者牺牲。

麦迪逊在之前的讨论中研究了州权在联邦政府成立后必须作出多大牺牲，现在则需要研究另一个问题，即联邦权力是否会对剩余的州权构成威胁。他认为联邦权力并不会对州权力构成威胁，实际上州政府反对联邦政府的活动才更有可能被实践证明是真正的危险。在未来很可能是州政府而非联邦政府以其优势打破新宪法所达成的两者间的平衡。

麦迪逊指出，在历史上所有不同类型的联盟中，各成员常常表现出夺取联盟政府权力的强烈倾向，而联盟政府往往对防止这些侵犯行为无能为力。新宪法下的联邦政体与这些例子中的大多数不太相同，因此前者的命运并不必然是后者的命运，但由于根据新宪法各州将保留很大一部分主动权，因此也应对这种危险加以注意。古希腊历史上的亚该亚同盟中，同盟元首具有某种程度的权力，近似制宪会议所设计的政府，吕西亚同盟的原则和政体从前者继承而来，更加近似此种政府。然而历史上两者都没有变成或趋向于变成一个稳固的政府，相反其中之一的灭亡就是由于同盟的权力不能防止其成员间的权力纷争和最后的分裂。这些事例之所以值得注意，是因为使它们的各组成部分联合在一起的外在原因要比美国各州联合在一起的原因多得多，而且其力量也大得多。这些联盟的成员，由于巨大的外部压力，对它们内部比较薄弱的地方，各成员与聪明首脑彼此支持，各成员相互支持，封建制度中一个王国内的各个贵族之间也存在类似的关系，但这种关系并没有阻止一些成员为侵夺联盟政府的权力所作的尝试。尽管在上述例子中一些地方首长和其人民之间往往离心离德，在某些例子中联盟元首与人民之间甚至在一定程度上同心同德，但在地方首长与联盟元首的权力争夺中却通常是前者占据优势。麦迪逊就此推论，如果没有外来威胁加强　国内部的融洽和从属关系，特别是如果地方首长取得了人民的爱戴，那么现在欧洲一些大的王国就会像以前一样出现很多独立君主。

麦迪逊认为，在当时的美国，相比联邦政府，州政府在以下五个方面更有力量：一方对另一方的直接依赖，对公民个人影响的大小，授予它们各自的权力，人民的袒护和支持，以及反对和破坏对方措施的意向和能力。

根据新宪法的规定，各州政府被认为联邦政府的重要组成部分，而联邦政府对州政府的活动或组织来说则可有可无。如果没有各州议会的参与，根本就不能选出合众国总统，它们在一切情况下将担负起任命总统的主要责任，在大多数情况下是由它们自行决定总统选举人的任命；参议院将完全而绝对地由州议会选举；虽然众议院是由人民直接选出的，但也将在各州议会成员的极大影响下选出。一方面，联邦政府的各主要部门都多少依赖州政府的支持，从而很可能使它产生一种对它们过于恭顺而非过于傲慢的倾向；另一方面，州政府的各部门人员并不依靠联邦政府的直接作用而被任命，因此它们对联邦政府的依赖十分有限。

　　联邦政府根据《联邦宪法》雇佣的人数要比由各州雇佣的人数少得多，因此就公职人员的个人影响力而言要比后者小。十三个或更多州的立法、行政和司法部门的成员，治安官、民兵军官、部长级司法官，以及一切县、市、镇的公务员都属于州政府，他们熟悉每个阶级和阶层的人民，无论在人数和影响力方面都大大超过联邦政府所雇佣的所有行政人员。无论是在政府三大部门、军队，还是税务员系统，州政府的优势都是不证自明的。

　　就二者所拥有的权力而言，新宪法授予联邦政府的权力数量很少且有明确规定，各州政府所保留的权力则很多且没有明确规定。前者行使权力的领域主要是对外的，如战争、和平、谈判和外贸，征税权多半与最后一项有关，而保留给各州的权力则扩充到同人民的生命、自由和财产，以及州的治安、改良和繁荣等有关的一切方面。联邦政府的作用在战争和危险时期极为广泛而且重要，州政府的作用在和平与安定时期则极为广泛而重要，由于前者的时期同后者相比可能只占小部分，所以州政府就会比联邦政府更有优势，而且联邦政府越是致力于国防，联邦政府对州政府支配的危险就越小。麦迪逊指出，如果正确而公平地对新宪法加以研究，人们不难看出它提出的改变主要不是给联邦增添新权力而是加强其原有的权力。贸易管理的确是项新权力，也似乎是增添的权力，但对此很少有人反对和担忧。关于战争与和平、军队和舰队、谈判和财政的权力，以及其他更重要的权力，都是完全根据邦联条款授予国会的，新的改变并没有扩大这些权力，它只不过使国会更加有效地行使这些权力。关于征税的权力可认为是最为重要的改变，邦联国会其实可全权向各州要求无限制地提供国防和一般福利所需的钱财，这与未来的国会向各个公民提出这类要求实际上是一样的。之前各州在邦联政府治下的实践表明，州政府在联邦政府类似权力之下并不会失去其宪法权力。

在获得人民的祖护和支持方面，州政府也是占优势的。麦迪逊认为虽然两种政府被任命的方式有所不同，但必须考虑到它们实质上都依靠合众国全体公民，联邦政府和州政府事实上只是人民的不同代理人和接受委托的单位，它们具有不同的权力，旨在达到不同的目的。反对宪法的人对人民完全视而不见，把这两个不同机构看作相互敌对的双方，而且认为它们在争权时不受任何共同上级的管制，这无疑是严重的错误。人们应该了解，首要的权力不管来自何处，最终只能归于人民，不管两种政府中的哪一个以牺牲对方来扩大其权力范围，其结果不只取决于两者的野心或处事方式，实际上和形式上最终都决定于他们共同的选民。对人民而言，他们首要的和最自然的归属将是他们各自的州政府，因为州政府会提供更多的职务和报酬，所以有许多人期望在州政府中飞黄腾达；通过州政府，人民的家庭的和个人利益将会得到管理，因而人民将会更清楚详细地了解州政府的事务；大部分人民会与州政府成员建立个人友谊以及家庭或党派方面的联系。因此可以预料，在联邦政府与州政府发生争执时，公众总会强烈地支持州政府。在这方面，经验中出现过这样的情况。虽然当时的邦联政府暴露出很多缺点，但在战争中，特别是为纸币发行准备时表现得十分优秀，无论未来是什么情况，它都曾有过巨大的积极性和重要性。邦联政府还曾采取种种措施来保护很多珍贵的东西，并取得了人民所向往的很多东西，然而在早期对国会的热情消散以后，多数人民又重新把注意力和偏袒转向他们自己的州政府，邦联政府绝不是众望所归的。反对制宪会议扩大联邦议会权力和重要性的人们，通常希望把他们的政治影响建立在自己同胞的偏见之上。麦迪逊认为，如果人民将来变为偏袒联邦政府，这种改变只可能发生在有无可辩驳的证明的情况下，此时人们才能克服之前的偏见，公正地在最需要信任的地方表示他们的最大信任。但即便如此，州政府也不必担忧，因为联邦权力只有在一定范围内才能很好地行使。

麦迪逊认为，就两者各自可能有的抵制和破坏对方措施的倾向和能力而言，州政府同样占据优势。上面已经论述，联邦政府成员对州政府成员的依赖甚于后者对前者的依赖，此外两者所依赖的人民偏袒州政府，州政府显然处于优越地位。从以下情况看，优势也属于州政府，各州成员总是怀着对各州的偏袒到联邦政府中去，很少发生州政府的成员怀着对联邦的偏袒到州议会中去。此外众所周知，在州议会所犯的错误中，有很大一部分是由于州议员为了所居住地区的眼前利益而牺牲州的长远利益。如果联邦政府不会扩大政策，使其包括成员州的集体福利，人们很难设想各州会关心联邦的普遍繁荣以及联邦政府的尊严和威望。基于同样的理由，州议会也不关心国家目标，联邦议会更加关心地方目标，各州对于国家，正如县和城镇对于各州那样。公共措施能否被实施，往往不取决于它是否有利于国家的繁荣和幸福，而决定于各州政府和人民的偏见、利益和所追求的目标。国会活动有以下特点：议员们经常扮演的角色与其说是公共利益的公正保护人，不如说是他们本州利益的坚决维护者。如果有一次为维护联邦政府而不适当地牺牲地方利益的情形，不适当地迁就各州的地方偏见、利益和观点而使国家的重大利益遭到损害的情形就会有百次之多。麦迪逊认为新联邦政府不会采用扩大的政策，也就是说新联邦政府具有前州政府与邦联政府的精神，既不至于侵犯各州的权利，也不至于侵犯各州政府的特权，而在各州政府一些联邦议员中很可能存在侵占联邦政府的权力来加强其特权的动机。

麦迪逊继续讨论，如果联邦政府和州政府一样，打算扩张其权力，州政府也有办法击败这种侵犯。如果某一州的一项法令，虽然不利于全国政府，但在该州却深得人心，而且也没有过于严重地违反州官员对《联邦宪法》的誓言，那么它会单独在本州得到执行。联邦政府的反对和联邦官员的干涉，只会引起州内各方群情激昂，防止或矫正这种情况，除非用有些勉强或困难的方法，否则根本做不到。如果联邦政府的一个不正当的措施在某些州里不得人心（事实上往往如此，有时甚至一个正当的措施也是如此），州内人士反对此项措施的方法则是随手拈来而强有力的。人民的忧虑、他们对与联邦官员合作的厌恶或拒绝、州行政官的愁眉苦脸、州议会造成的困境等情形都会是一个州执行联邦政府措施的严重阻碍。如果相邻州的意见一致，更是会造成联邦政府不愿碰到的阻碍。联邦政府对州政府权力过度的侵犯，往往会引起不只是一个州或少数州的反对，而是各州普遍的惊慌。然后各州政府开始互相通信并商量反抗计划，它们对联邦束缚的恐惧如同对外国束缚的恐惧一样，会促使它们很快彼此联合。除非联邦政府自动取消计划中的革新，否则只能诉诸武力，联邦政府只有十分疯狂才会采取这个极端方法。当然此次各州联合起来与英国斗争（独立战争），的确是英帝国的一部分反对另一部分，引起斗争的原因是人数较多的一方侵犯人数较少一方的权利，这种企图是不合理和不明智的，却是真实情形。麦迪逊认为难以想象少数几个人民代表竟然会反对人民，或者一批人民代表反对十三批人民代表，后者实际上还有全体选民作为后盾。

麦迪逊认为预言州政府会垮台的人，是假定联邦政府会为了野心勃勃的计划而预先积累军事力量。这种意见容易驳斥。出现这种状况，不仅需要各州人民在相当长的时期内不断选举准备背叛他们的人，而且叛徒们在整个时期要一致地、有系统地为了扩大军事建制而实施某种固定计划；各州政府和人民还要沉默和忍耐地注视着暴风雨的聚集且为其添砖加瓦，直到暴风雨最终降临。麦迪逊尖锐地指出，预言这种情况是胡乱猜忌的白日梦，根本不是对真正爱国主义的严肃思考。即使夸张地假定联邦政府真的组织一支完全与国家资源相适应的正规军，而且其完全效忠于联邦政府，有人民支持的州政府也足以抵御这种危险。麦迪逊解释，根据当时的计算，任何一个国家能够负担的常备军的最大数目，不超过人口总数的百分之一。根据这个比例，当时的美国常备军的数量会在二万五千至三万之间。而美国当时有近五十万执有武器的民兵，他们为共同的自由而战斗，被由自己当中选出的人所统帅，由他们爱戴和信任的州政府组织和指挥，他们无疑能够抵得住人数有限的常备军。有人担忧民兵会被常备军打败，在熟悉各州民兵成功地抵抗英国军队的人看来，这种可能性是不存在的。美国优于其他国家的民兵武装，以及那些受到人民爱戴、有权任命民兵军官的州政府，肯定会成为野心冒险行为的障碍，而且相比任何政体下的单一政府，美国联邦体制下的此种障碍更难以克服。在欧洲某些王国，中央政府把军事建制扩大到公共财源可以负担的极限，仍然害怕把武器交给人民，难以断定人民有武器就能够摆脱束缚。但如果人民还拥有自己所选举的地方政府，各地方政府能联合起来领导全国力量，从民兵中任命支持他们的军官，就可以断言，尽管有常备军保护，欧洲的专制君主也都会很快被推翻。麦迪逊认为批评者是在侮辱自由而勇敢的美国公民，他们竟然怀疑美国公民在维护自己真正拥有的权利方面，还不如专制权力下争取权利的民众，竟然认为他们会盲目而温顺地服从。麦迪逊指出联邦政府的组织方式使得它依赖人民，那种依赖会约束联邦政府不去制订不利于自己选民的计划。联邦政府不依赖人民的话，将得不到人民的信任，那它的篡权计划也会很容易地被人民支持的州政府击败。

麦迪逊认为以上的论证有力地证明，打算交付联邦政府的权力，它们都是达到联邦目的所必不可少的，对于保留给各州的权力而言并不可怕，一切担心州政府会因此被消灭的惊慌猜想都源于莫名其妙的恐惧。

三、《弗吉尼亚决议案》

1798 年，麦迪逊为弗吉尼亚州议会起草了《弗吉尼亚决议案》，抗议时任总统亚当斯领导的联邦政府通过的一系列摧残民权的法案，主要针对其中的《外侨法》和《惩治叛乱法》。这一决议案通过州议会对联邦政府的法律进行抗议和谴责，被一些人认为是州权主义的象征。19 世纪 30 年代以后，以约翰·卡尔霍恩为代表的"废止派"宣称，其提倡的"州对国会法令的废止权"的理论来源之一便是麦迪逊主持制定的《弗吉尼亚决议案》。在后来的美国内战中，"脱离派"也一直在《弗吉尼亚决议案》中寻找理论依据，麦迪逊因此也被一些人指责为联邦主义的变节者和州权主义的始作俑者。这一判断并不符合实际，麦迪逊本人生前就严厉谴责了南卡罗来纳州议会拒不执行国会法令和威胁脱离联邦的行为，将其称为"孪生的异端邪说，应该埋葬在同一个坟墓"。对《弗吉尼亚决议案》进行研究，将有助于理解麦迪逊在制宪以后的突发事件出现之后，是如何来看待联邦权力和州权间的关系的。

《弗吉尼亚决议案》的出台与1787年联邦政府成立后的政局直接相关。在华盛顿总统任期内，联邦政府中逐步形成了以亚历山大·汉密尔顿和约翰·亚当斯为首的联邦党，以及以托马斯·杰弗逊和麦迪逊为首的民主共和党，两派在财政政策、合众国第一银行的设计以及对法国大革命的态度等问题上都发生了严重的分歧。华盛顿任期结束后，联邦党领袖亚当斯继任总统，两派斗争趋于白热化，两派的一些议员甚至当面发生冲突，媒体也划分为两个阵营并公开谩骂对方领导人。一些民主共和党媒体的激烈攻击激怒了联邦党人，他们认为叛国者就潜伏在民主共和党内，在当时极端紧张的局面下，对政府的批评实与叛乱无异。于是联邦党人曲解《权力法案》，以公共安全的名义通过了一系列针对民主共和党人的法案，并利用其在国会的多数地位强行通过该法案。其中的《惩治叛乱法》最具鲜明的党派性，它规定攻击政府及政府官员属违法行为，而对执政党对在野党的攻击则没有相应的限制和惩处。这一系列极具党派色彩的法案使得包括麦迪逊在内的民主共和党人感到恐慌。麦迪逊认为这些法案意图确保当权的联邦党继续占有权力并镇压政治上的反对派。麦迪逊与杰弗逊商议后决定反击，但当时国会和最高法院都在联邦党人控制之下，因此他们采取了在州议会提出决议案的方式呼吁人民重视，力争取消这些不公正的法案，包括通过这一系列法案在内的不得人心的内外行为，最终使得联邦党在人民中丧失威信，联邦党在亚当斯任期结束后的总统选举和国会选举中都遭到失败，而其通过的这一系列法案因新国会没有继续批准而自动失效。

麦迪逊在《弗吉尼亚决议案》中指出，联邦政府的权力来自与各州签订的契约，是诸州批准了宪法，因而诸州拥有最高主权。联邦政府的权力源于这一契约，并且受到契约（《联邦宪法》）的限制，超过契约中所列举授予的权力是无效的。联邦宪法是由各州以其主权成员身份批准的，有稳定性、神圣性及其权威，有着合法与坚实的基础。当联邦政府有意地、明显地或危险地行使契约未授予的其他权力时，作为契约当事方的诸州为了维持它们各自限定范围的权威、权力和依法隶属它们的自由，有权利和责任控诉这种罪恶行为，并最后作出裁决。作为契约的当事方，没有法庭能凌驾于它们的权威之上，诸州在最终的申诉中必须自己裁决。

麦迪逊也明确指出，诸州作为拥有主权的签订宪法契约的当事方，只可偶尔行使这种裁决权力。这项权力非常重要，会从本质上影响对政治体制原则的理解。只有在联邦政府行为有意地、明显地或危险地违犯宪法，并行使宪法所未授予的权力时，换言之，只有当这种行为背离制宪目的，并且推动形成最终决定且有意加以坚持时，各州才应当行使这种裁决权力。麦迪逊反对在最终的申诉中把司法部门作为唯一的宪法解释者，因为司法部门实际上也是有可能篡权的。如果联邦政府的行为危及诸州的权利，诸州理所当然要介入并控诉这种罪恶行为，并且作为最终的裁决者。但必须注意，诸州无论何时宣布联邦政府的措施违宪都只是一种"观点的表达"，并不具备司法效力，除表明观点之外没有其他任何效果。诸州改变宪法契约只能通过修正宪法，并且必须有超过三分之二的多数同意，司法部门的解释则必须立即强制执行。诸州偶尔的裁决仅仅是为了阻止篡夺的罪恶行为，维护依法隶属州的权威、权力和自由以及它们以主权资格达成的政治契约。

从维护宪政的角度出发，麦迪逊指出联邦党人通过的一系列法令是违犯宪法及其修正案的，尤其是《惩治叛乱法》侵犯了人民的言论自由和出版自由，侵犯了宪法第一修正案保护的权利，而言论自由无疑是其他权利唯一有效的保护者，是自由政府的根本原则。

麦迪逊还指出宪法是各州，而不是各州政府或州议会批准的。各州，准确地说各州专门召开的宪法批准大会才是《联邦宪法》的批准人。在宪法问题上州的权力和州议会的权力是不同的，州议会无权对宪法作出解释，更无权废止联邦法令。诸州以平等资格签订的契约，当事方应该相互平等地尊重它，任何一方都不比另一方或其余各方有更大的权力解除契约，单个州也无权以自己的意愿解除契约，他严厉谴责废止派所主张的单州废止联邦法令的观点，明确指出废止派主张的"脱离和废止"原则是荒谬的。

《弗吉尼亚决议案》集中体现了麦迪逊的政治契约论思想、严格的宪政观和联盟至上的思想。麦迪逊对于保障州与人民的自由与权利以及维护联邦的权威给予了同等的关注，对杰弗逊与他同时发表的《肯塔基决议》中的"联邦法令废止论"深表反感，并且拒绝在《弗吉尼亚决议案》中宣布《惩治叛乱法》是无效的、没有法律效力。他虽然谴责《惩治叛乱法》等法令，但并没有宣布联邦法令无效，在保障州和人民的自由权利的同时，始终十分注意维护联邦政府的权威。

第 6 章

分权制衡

  麦迪逊关于分权制衡必要性的名言如下："如果人都是天使，就不需要任何政府了。如果是天使统治人，就不需要对政府有任何外来的或内在的控制了。在组织一个人统治人的政府时，最大困难在于必须首先使政府能管理被统治者，然后再使政府管理自身。"这段话集中体现了麦迪逊对分权制衡必要性的认识，人天性易于犯错，因而要维护政府行为的公正性就必须对其进行控制。

  他首先阐明三权分立并不是指根据政府职能划分的三种权力绝对分开，这在理论上是困难的，而且在实践上也不可能，三权分立是指一个部门不能同时拥有两项或者更多的权力。他指出不同权力一定程度上的混合不仅是不可避免的，而且在一定的情况下还能产生良好的后果。立法权在三种权力中具有强势地位，有必要研究对其进行制约的方法，但不论偶尔还是定期求助于人民的办法都是不可行的。他提出通过权力相互制约而达到权力平衡的办法，并指出，新宪法提出的联邦制体制中既存在联邦权力和州权横向制约，又有各部门之间的纵向制约，人民的自由和权利就获得了双重的保护。

一、三权分立的真意

在麦迪逊看来，新宪法所建立的联邦政府的特殊结构，以及众多权力的分配情况，毫无疑问是一个非常重要且值得深入研究的问题。一些宪法反对者提出，新宪法违反了立法、行政和司法部门应该分立的政治原则，联邦政府的结构中并未贯彻这个有利于自由的重要原则，权力在部门间混合的分配方式破坏了平衡，某些部门的分量远超其他部门，整个政府有遭到破坏的危险。麦迪逊指出，这个反对意见所依据的政治原理有真正的价值，这一意见似乎有着保卫自由的权威色彩。这项政治原理，就是当立法权、行政权和司法权同一时，不论是置于一个人、少数人或许多人手中，也不论是世袭的、自己任命的或选举的，均可公正地断定其是暴政。如果《联邦宪法》真的在集中权力或混合权力，甚至只是具有这样的危险倾向，不需要其他理由人们就能够反对它了。麦迪逊认为这一指责并无道理，因为它所依据的原则完全被误解和误用了，要正确看待这个重要问题，人们应该认真研究维护自由所需的三大权力部门各自分立的真正含义。

麦迪逊指出，人们最常引用孟德斯鸠的话，他不是首提人，却最有效地揭示了这个箴言，并且成功地引起了人们的注意。麦迪逊认为首先需要明确孟德斯鸠提这个论点的用意：他认为英国的宪法政治是自由原则和规则的完美典范，是政治自由的一面镜子。他把英国制度作为标准，将其特有的原则表述为基本原理。为了不误解他的意思，人们应该认真研究这个箴言的现实根源，考查一下英国宪法。在英国宪法中，人们不难看出立法、行政和司法部门绝不是彼此完全分立的。在英国，行政长官是立法机关的主要部分，他有单独与外国签订条约的特权，而条约一旦签订，在某些限制下它便具有法令的力量；所有司法部门的成员都由行政长官任命，并且在议会两院的请求下由他撤销职务；他愿意与两院协商时，可以召开一个宪政会议。立法部门的上议院和行政长官召开一个大的宪政会议，这个会议是弹劾案中司法权的唯一受托组织，并且在所有其他案件中也被授予最高裁决权；此外法官和立法部门也有着密切的联系，法官们时常出席和参加立法部门的审议，虽然他们不准参加立法方面的投票。

从孟德斯鸠论点基于的这些事实出发，人们可以明白，当他说"当立法权和行政权集中在同一个人或同一个机构之手"或者说"司法权如果不同立法权和行政权分立，自由就不存在了"时，不是指这些部门不应部分参与或支配彼此的行动。当一个部门的全部权力由掌握另一部门全部权力的同一批人行使时，自由宪法的基本原则便会遭到破坏。在英国社会中，如果执掌全部行政权的国王也握有全部立法权或最高司法权，或者整个立法机关拥有最高司法权或最高行政权，这才是孟德斯鸠所说的自由宪法原则遭到破坏的情形，而上述情形都不是英国社会的现实弊病。在英国执掌全部行政权的长官，虽然能否决每一条法律，但是不能制定法律，虽然能任命司法管理人，但不能亲自管理司法；法官虽然是行政系统的分支，但不能行使行政权，虽然可与立法机关议进行商议，但不能担任任何立法职务；整个立法机关虽然可以通过两院的联合法案，将法官撤职，某一院还拥有最终司法权，但不能执行司法法令，虽然某一院能任命最高行政长官，另一院在弹劾第三者时能审判行政部门的所有部属，并给他们定罪，但整个立法机关并不能行使行政权。

孟德斯鸠指出"当立法权和行政权集中在同一个人或同一

个机构之手时，自由便不复存在了，因为人们会害怕这个国王或议会制定暴虐的法律，并以暴虐的方式对他们行使这些法律"。此外，"如果司法权同立法权合而为一，公民的生命和自由将会遭到专断的统治，因为法官就是立法者。如果司法权同行政权合而为一，法官会像压迫者那样横行霸道"。

麦迪逊进一步指出，某些州宪法尽管十分强调这个原则，甚至用了一些绝对的字句，但是权力部门安排却没有一个是绝对分立的，并举出三例加以具体说明。

在新罕布什尔州，人们认识到要避免权力部门的任何结合是不可能的，州宪法贯彻三权分立原则，规定"立法权、行政权和司法权应该保持符合以下两点要求的独立和彼此分立：其一是为一个自由政府的性质所容许，其二是整个宪法组织之间应该有一个团结和睦和不可分解的纽带"。该州的宪法把这几个部门结合在一起。作为立法部门分支的参议院，也是审判弹劾案件的法庭；州长是行政部门的首脑，也是参议院的议长，除了在一切情况下有平等投票权以外，在赞成票与反对票相等时，他可以投决定性的一票；行政首脑本人每年由立法部门选举，行政会议成员每年由立法部门从其成员中选出，州的一些官员也由立法机关任命，司法部门的成员由行政部门任命。

马萨诸塞州的宪法提出了一个充分又不明显的告诫："立法部门绝不能行使行政权和司法权，或两者当中的任何一种；行政部门绝不能行使立法权和司法权，或两者当中的任何一种。"这个声明与孟德斯鸠的三权分立原则完全一致，这个原则没有遭到制宪会议的任何破坏，它不过是禁止任何一个部门去行使另一部门的全部权力。该州宪法，实际上也容许权力有部分的混合。行政长官对立法部门有否决权；作为立法机关一部分的参议院，则是弹劾行政和司法部门成员的法庭；司法部门的成员在两个立法机构的请求下由行政部门任命。

弗吉尼亚州宪法宣称："立法、行政和司法部门应当彼此分立，这样任何部门既不能行使适当地属于另一部门的权力，又不能使任何人同时行使一种以上的权力，除非县法院的法官有资格进入州议会的任何一院。"然而该州不仅有州议会中有下级法院成员的明确例外，事实上州长及其行政会议成员均由立法机关任命；行政会议中的两个成员由立法部门每三年随意更换一次；行政和司法部门的所有主要官职，都由立法部门任命；赦免权在某种情况下也授予立法部门。

在列举上述三权没有完全分离的案例之后，麦迪逊表示自己并不完全赞成这些州政府的特殊结构，其政府各部门的权力分工有许多很好的原则，但其建立明显匆忙草率、缺乏经验，甚至在某些案例中不同权力的大混合得到巩固，违反了三权分立的基本原则。但总而言之，政治实践中没有一个案例能实现某些人所误解的三权绝对分立。

麦迪逊认为对新宪法违反自由政府神圣原理的指责是站不住脚的，因为无论是从该原理真实含义来说，还是从美国人民迄今为止在政治实践中对此原理的应用来说，要求绝对的三权分立都是毫无道理的。实际上，这些部门一定有联合和混合，除非各部门对其他部门都能进行法定的监督，否则这一原则所要求的、对一个自由政府来说是不可或缺的那种分立，在实践中就永远无法维持。

二、立法部门的篡权危险

麦迪逊认为，人们都同意某一部门的权力不应该完全由任何其他部门直接行使，同样，不能有任何一个部门在行使各自的权力时直接或间接地对其他部门具有压倒性的影响。权力本身必然具有一种侵犯性质，因此在实际中应该对其加以限制。在理论论述了几类性质为立法、行政或司法的权力以后，麦迪逊认为最困难的工作是保证每种权力不被其他权力侵犯，这是极其重大的问题。

麦迪逊指出宪法准确地标示出这些部门的界限，这种靠一纸规定来反对权力的侵犯是远远不够的。在美国大多数州中，人们似乎就是主要依靠这种预防措施，经验告诉我们：人们之前高估这种规定的效力了。麦迪逊指出，政府中力量软弱的部门必须有某种更恰当的办法来对付力量更强的部门。立法部门实际上可以到处进行活动，并把所有权力部门都拖入它的猛烈的旋涡中。美国各个州的创立人有伟大的功劳，指出他们曾犯的错误会令人不快，但出于对真理的尊重我们应该指出，他们对于一个对自由的重大威胁未曾注意，那就是有立法权支持并巩固其地位的世袭地方长官，很可能会拥有总揽一切的特权。这些创始人似乎从未想到来自立法上的篡夺危险，但当所有权力集中在立法者手中时，实际上必然会造成如行政夺权一样的暴政。在世袭君主执掌众多而广泛特权的君主制政府里，行政部门的确是危险的根源，并且应该被密切防备；在民主政体下，人民亲自行使立法职能，但他们并不总能定期商议并取得一致，行政长官可能有各种野心阴谋，在非常时刻的确有突然出现暴政的危险；但是在代议制的共和政体下，行政长官的权力范围和任期都有明确的限制，因此不足为虑。立法权则由议会行使，是一种对人民有影响的力量。议会中人数较多，足以让其成员感受到群情激奋，但是他们数量还是有限，还是可以用理智的规定防止他们越规的野心。在代议制共和政体下，人民实际上应该提防和竭力戒备的正是立法部门的冒险野心。

立法部门在联邦政府中实际上有着比较优越的地位，其法定权力比较广泛，同时不易受到明确的限制，因此立法部门更容易用复杂而间接的措施掩盖它对其他部门的侵犯。在联邦政府中行政权限于比较狭小的范围内，且性质比较简单，司法权的界限更是十分明确，所以这两个部门的篡夺计划一般都会立刻暴露和遭到失败。而在立法机关的活动中，实际上有一个常见且微妙的问题，那就是某一个立法措施的作用是否会扩展到立法范围以外。此外立法部门一般还有机会单独接近人民的钱袋，某些宪法规定其对其他部门任职者的金钱报酬有全部决定权，这会产生极大影响，不仅造成其他部门对立法部门的依赖，还会为立法部门对它们的侵犯提供极大的便利。

麦迪逊认为经验提供的证明不胜枚举，他仅举两个州的例子来作为证据，它们都是权威者提供的。第一个是弗吉尼亚州的例子，该州在自己的宪法中明确宣称三大部门不得互相混淆，拥护这个规定的权威人士是杰弗逊，他除了十分关注政府活动并加以研究外，还曾经担任州长。他在弗吉尼亚州备忘录上的一段话充分说明了他对此问题的思考："政府的一切权力——立法、行政和司法，均归于立法机关。把这些权力集中在同一些人的手中，正是专制政体的定义。这些权力将由许多人行使，而不是由一个人行使，情况也不会有所缓和。一百七十三个专制君主一定会像一个君主一样暴虐无道。凡是对此有所怀疑的人，不妨看看威尼斯共和国的情况！即使他们是由我们选举的，也不会有什么益处。一个选举的专制政体并不是我们争取的政府；我们所争取的政府不仅以自由的原则为基础，而且其权力也要在地方行政长官的几个机构中这样划分并保持平衡，以致没有一种权力能超出其合法限度而不被其他权力有效地加以制止和限制。因此，通过政府法令的会议以这样的根本原则为基础的：立法、行政和司法部门应该分立，以致没有一个人能同时行使其中一个以上部门的权力。但是在这几种权力之间并未设有任何障壁。司法和行政成员的职务以及其中某些成员的继续任职，均取决于立法机关。因此，如果立法机关执掌行政和司法权，似乎也不会有反对意见；即使有，也不可能生效，因为在这种情况下他们可以使自己的行径变成议会的法令形式，使其他各部门有义务服从。因此，他们在许多情况下具有应该留给司法部门讨论的明确权利，在他们开会期间对行政部门的指挥，也成为司空见惯的了。"

另一个例子是宾夕法尼亚州在1783年和1784年召开的监察官会议。该州宪法规定，监察官会议的一部分责任是"调查宪法的各部分是否未受违犯；政府的立法和行政部门是否执行了人民保护者的责任，是否掌握或行使了大于宪法授予它们的权力或宪法授予范围以外的权力"。监察官会议在履行这个责任时，需要把立法部门和行政部门的作为与其法定权力进行比较。从会议上列举并得到两个部门赞同的许多事实看来，该州宪法遭到立法机关明目张胆的违犯。立法部门颁布许多法律的过程违犯了该州宪法的一条规定，即所有公共性质的议案应预先印发给人民以进行研究，这是该州宪法中最主要的预防立法部门通过不适当法令的办法；立法机关还违犯了宪法上规定的陪审官审讯制，执掌了宪法未曾授予的一些权力；行政权力有时被立法部门篡夺；该州宪法明确规定法官薪金必须固定，可是立法部门却时常对其加以改变；明确属于司法部门的案件，有时却由立法部门审理和判决。麦迪逊分析，一些事件可归因于与战争有关的特殊情况，但是其中大部分是组织不善的政府的自然产物。该监察官会议同样提到行政部门的一些违宪行为，但应该注意三种情况：第一，大部分事例要么是由于战争需要而产生，要么是出于邦联国会或总司令的建议。第二，其他事例要么符合立法部门已经正式表明的意见，要么符合立法部门已经众所周知的意见。第三，宾夕法尼亚州行政部门的人员组成与其他各州不同，该州行政部门与立法会议和行政会议的关系几乎同等密切，因此该州行政人员并未受到针对行政部门法令的特定约束，同时他们受立法部门和行政部门的共同信任，因此相比由一个人或少数人管理的行政部门，未经公认的措施在此州的行政部门中更能自由地冒险试行。

麦迪逊认为从上述两个事例中，人们可以得出一个非常明确的结论：仅在书面上划分各部门的法定范围，并不足以防止政府所有权力集中在同一些人手中，因此必须寻求其他办法来防止这种可能导致暴政的侵犯行为。

三、求助于人民的预防办法

在讨论求助于人民以防止权力被侵犯时，麦迪逊提到杰弗逊在弗吉尼亚备忘录中附加的一个宪法草案。该草案是为1783年该州议会召集的制宪会议而准备的，麦迪逊认为在这个草案中杰弗逊的思想别出心裁。值得注意的是，这一草案既表现了对共和政体的热爱，同时对如何防止共和政体一些危险倾向提出了独到的见解。杰弗逊提出了一个独创的办法，作为权力软弱部门对付强势部门侵犯的最终预防办法。

杰弗逊在草案中的提议如下："每当政府三个部门中任何两个且其各自总人数的三分之二多数同意，认为必须召开会议以修正宪法或纠正违宪情况时，方可为此召开会议。"杰弗逊解释，共和政体下人民是权力的唯一合法源泉，政府各部门据以掌权的宪法也来自人民，因此在必须扩大、减少或重新确定政府权力时，在任何部门侵犯其他部门的既定权力时，求助于同一原始权威是完全符合共和政体原则的。这些部门要实现共同任务，它们是完全平等的。没有一个部门拥有规定它们彼此之间的权力范围的专权或更高权力，人民作为这些共同任务的委托人，无疑是有资格单独说明任务并强迫执行的。在此事上不求助于人民，则无法防止或纠正强者侵犯弱者的错误。

麦迪逊认为杰弗逊的理论的确有极大的吸引力，事实上人民为某些重大特殊事件作决定的法定做法应该始终保持，但在他看来有相反的看法，即反对规定在一切情况下求助人民使各权力部门保持在法定范围内的做法更有道理。这种反对意见主要基于以下三个理由：首先，这个规定实际上并未达到使两个部门联合起来反对第三个部门的目的。立法机关有许多方法影响其他部门，它能够把其他两个部门中任何一个全部或三分之一的成员吸收到自己一边，这样剩下的一个部门就不能应用这种补救办法。

其次，这个方法本身有严重问题。在麦迪逊看来，每次求助于人民实际上就意味着公开暴露政府具有某些缺点，经常求助人民就会在很大程度上使政府失去应得的尊敬。如果没有那种尊敬，也许最英明也最自由的政府也会丧失必要的稳定。所有政府的统治一定程度上都以舆论为根据，舆论对个人行为的影响，实际上主要决定于他认为持有同一意见的人数有多少。人的理性就像人自身一样，在独处时胆怯小心，他的坚定和信心往往是同他联合的人数成正比的，当能够加强舆论的例子数目众多、年代久远时，它们就会效果倍增而为人所知。在遍布贤人的国家里，可以不考虑舆论，开明的理性之声会充分教育人们尊敬法律，但可惜贤人之国和柏拉图所希望的贤人国王一样，在现实中都是不存在的。在所有的国家里，最公正的政府也不会认为公众对它的偏护是多余的。反对经常把宪法问题提请人民决定的更重要原因，就在于防止公众过分关心的热情，会破坏公众安宁和政府尊严。在麦迪逊看来，尽管当时建立新政体的努力已经获得了成功，但是必须承认其进程充满曲折，成功有一定偶然性，因此绝不应该毫无必要地去重复该进程。人们应该考虑到，这次新宪法得以成功制定有着以下特殊有利条件：人们消除了最不利于秩序和协调的热情的危险；人民普遍信任其爱国领袖，并且不像平时一样在重大的全国性问题上意见不一致；对旧政府的普遍仇恨和愤怒催生了对新的共和政体的普遍热情，没有相反的党派精神在整个制宪行动中发挥影响。这些条件都是可遇不可求的，在未来类似的场合，人们其实很难解决这些常见的问题。

麦迪逊进一步指出，最后也是最重要的反对理由是，被求助的人民最有可能作出的决定其实很难达到保持政府平衡的目的。人们能看到在共和政体下，主要是立法机关靠牺牲其他部门来加强自身，因此通常会是行政部门和司法部门向人民请求公断。麦迪逊指出，不同部门的请求在人民审判时其实很难被公正对待。行政部门和司法部门的成员人数都很少，只有小部分人民与它们的个别成员相识。司法部门的成员由于任命的方式以及职务的性质和长期性，一般与人民十分疏远，因此很难得到他们的偏爱。行政部门人员通常更是人民猜忌的对象，因为他们的管理工作往往因不得民心而受到批评。立法部门的成员众多，分布生活在一般人民中间，与人民彼此相识，有着丰富的血缘关系和友谊关系。社会上最有势力的大部分人是立法部门成员。他们受公众信任，在人民当中一般都有个人影响，他们还是人民权利和自由直接的可靠保护人，因此难以设想与立法部门敌对的一方会有均等的机会在人民的审判中获得有利结局。立法部门不仅总能成功地向人民解释自己的理由，还很有可能自己来做法官，因为把他们选入立法机关的同一种势力，也可以把他们选进制宪会议。即便并非所有情况都如此，至少在多数情况中就是这样：在制宪会议这类机构里，拥有最终决定权的领导人物肯定会来自立法部门。简而言之，制宪会议一般会由行为受到责难的立法部门的过去、现在或未来的成员组成，他们作为涉及自身争议的案件的法官，我们很难期待这种制宪会议有公平的判决。

麦迪逊承认少数时候也会存在对立法部门不利的情形，比如立法部门的篡夺行为十分明显而突然，难以进行伪装，或者一帮强有力的人偏袒其他部门，又或者行政权可能由人民所特别爱戴的人执掌。只有在上述几种情况下，公众的判断才不会被袒护立法部门的偏见所影响，但我们仍旧不能期望此种判断就能决定问题的是非曲直。公众的决断必然始终受预先存在的党派精神或由问题本身产生的党派精神影响，此外还决定于社会上德高望重的人，宣布判决的人肯定是被判决的有关措施的代表人物者或反对者。因此真正决定裁决结果的只会是公众的情感而不是理智，本来公众的理智应该控制和管理政府，公众的情感实际上应该是由政府控制和调节的。

麦迪逊认为偶然求助人民的办法，并没有防止某一部门篡权的作用。偶然请求人民判断不可行，有的人会猜想定期的请求或许是切实可行的办法。麦迪逊紧接着对这种办法进行了讨论，在他看来，先要注意求助于人民的办法的目的，是使某些权力部门在自己应有的范围内实施宪法，不能把它们当作修改宪法的途径。定期向人民请求公断与出现特殊情况偶然请求公断是同样不可取的，如果两次公断的间隔很短，那么将要检查和纠正的措施将会是近期的东西，是偶然出现的，人们难以正确理解他们，会产生曲解。如果间隔过长，人们也可能产生曲解。虽然间隔较长可能会有助于作出公正评价，但也会产生一些问题。首先，此时的公众责难对于当前越权行为是一种软弱的束缚。一个立法会议的数百位议员如果在全力以赴地追求某个目标时突破了宪法的束缚，很难想象他们会因为考虑到十年、十五年甚至二十年以后可能遭到的修正而半途而废。其次，在应用纠正的规定以前，那些弊病往往已经造成了十分有害的结果。最后，如果那些规定最终还是没有被废除，就证明那些弊病由来已久且根深蒂固，实际上是不易根除的。总而言之，定期求助人民公断的办法也是不可取的。

四、以权力制约达到平衡

麦迪逊指出，为了切实保持宪法所规定的各部门之间的权力的合理划分，仅有一些表面规定是远远不够的。人们必须采用以下办法：设计政府内部结构，使政府的每个组成部分在相互关系中安守本分。

为了使不同政府部门分别行使不同权力，各部门应该有自己的愿望，这在某种程度上对于维护自由是必不可少的。组织各部门时应该遵循一项原则，即各部门的成员对其他部门成员的任命尽可能少起作用。严格遵守这条原则，要求行政、立法和司法的最高长官，均由同一个权力源泉——人民任命，具体的任命途径彼此不同。根据这一原则来组织各部门是可行的，不过在执行时会格外困难，应该容许实际情况与这一原则有些出入。实际上在组织司法部门时，严格坚持这条原则是不利的。第一，对司法部门的成员而言，特殊的法律从业资格是极其重要的，挑选其成员应该首要考虑保证这一资格。第二，在司法部门任职基本是终身的，这一重要特征会消除法官们对任命他们的权力的依赖。除了任职之外，各部门成员的公职报酬也应该尽可能减少对其他部门的依赖，如果行政长官或法官在这方面受立法机关约束，他们彼此之间的独立就会变得有名无实。

麦迪逊指出，防止权力逐渐集中于同一部门的最可靠办法，就是给予各部门的主管人抵制其他部门侵犯的必要法定手段和个人主动权。防御手段必须与攻击的危险相称，野心必须用野心来对抗。人的利益必然与他的法定权力相联系，用这种方法来防止政府的弊病，是人性的一种耻辱，但是政府存在本身就是人性最大的耻辱。如果人人都是天使，就不需要任何政府了，如果是天使统治人，就不需要对政府有任何外来的或内在的控制了。在组织人统治人的政府时，必须首先使政府能管理被统治者，然后再使政府管理自身。毫无疑问，依靠人民可实现对政府的主要控制，但是经验教导人们还必须有辅助性的预防措施。

麦迪逊认为，当人们缺乏良好的动机时，应用相互对抗的利益和愿望去促成改变，从而防止制度无法有效运行。有关人类公私事务的各种制度都可以应用此种方法。这一方法特别适用在对下属权力的分配中，其目的始终是使划分和安排某些公职彼此有所牵制，最终使得维护私人利益成为对公众权利的保护。在分配各州的最高权力时，须采用这种方法。在实际中，人们没有给予各部门以同等的自卫权，在共和政体中，立法部门必然处于支配地位，补救的方法就是把立法机关分为不同单位，用不同的选举方式和行动原则将它们区分开来，并在不妨碍它们共同发挥作用和保持对社会依赖的前提下，使它们尽可能少发生联系。此外，为加强行政部门，似乎应该把对立法部门的绝对否定权作为行政长官天然的防卫，但是这既不可靠，单独使用时也难以发挥作用。在寻常情况下，行政长官不会以必要的坚定态度运用它，而在特殊场合中，他又可能会背信弃义地去滥用这一权力。应当设法让行政部门与立法部门中较弱的分支机构适当地结合起来，使后者可以支持前者行使法定权力，同时也不过分背离本部门的权力职责，麦迪逊推测，这种办法可以补足绝对否定权的缺陷。

麦迪逊认为美国联邦制度在有效防止政府压迫和社会成员压迫两个方面能促进权力制衡。在一个单一的共和国里，人民交出的一切权力由一个政府执行，而且政府被划分为不同的部门以防权力被篡夺。而在美国的复合共和国里，人民交出的权力首先分给两种不同的政府，然后把各政府的那部分权力分给几个分立的部门。因此，人民的权利就有了双重保障。两种政府互相控制，同时各级政府又自我控制。

在共和国里，极其重要的另一点是不仅要防止统治者的压迫，还要防止一部分社会成员压迫另一部分社会成员的不公行为。不同的阶级，必然存在着不同的利益，如果多数人因一种共同利益联合起来，少数人的权利必然会没有保障。只有两种方法可防止这种弊病：其一是自由地形成一种对抗这种不公的意愿；其二是使一个社会包括许多不同类型的公民群体，使全体成员中多数人不公正联合的可能性降到最低。第一个办法在一切世袭或自封权力的政府中很普遍，但这是不可靠的，一种不受社会约束的权力既可以保护少数人的合理利益，也可以用来支持多数人的不合理见解，还可能被用来同时反对所有社会成员。第二个办法则可以用美国的联邦共和国作为范例，它所有的权力都来自并从属于社会，不过美国社会本身可分为如此多的部分、利益集团和公民阶级，以至于个人或少数人的权利很少会遭到多数人因利益结合而形成的威胁。在一个自由政府里，保障民权与保障宗教权十分类似。保障民权针对各种各样的利益，保障宗教权则针对各种各样的教派，两种情况下自由所能得到的保证程度，都将决定于利益和教派的多少，换言之，都取决于国家的幅员和同一政府下所包括的人数。麦迪逊认为如果上述说法是合理的，共和政府支持者们肯定会选择一种适当的联邦制度，因为如果联邦分裂成几个范围较小的邦联或州，在较小的邦联或州里，多数人就会更方便地结成压迫他人的集团，共和政体就不能很好地维护每个阶级公民的权利。

总而言之，麦迪逊认为联邦制度从两个方面极大地增强了分权制衡的可能性与效果。

第 7 章

众议院和参议院

1787 年《联邦宪法》规定，联邦立法部门由众议院和参议院两部分构成，麦迪逊对两者的各方面状况以及与之相关的反对意见都进行了细致的研究。

关于众议院，他讨论了众议院的选举人和被选举人的资格、众议员的任期、蓄奴州众议员的任命与决定、直接税采取同一条规则问题、众议院应该包含的人数及相关问题。他着重回应针对众议院人数问题的如下质疑：众议院人数过少，议员们不了解各州的实际情况，议员将由最不同情人民且多半旨在野心勃勃地为抬高少数人的地位而牺牲多数人的阶级公民来选举，议员的数量不随着人数增加而增加。对以上问题，麦迪逊就美国当时的实际情况进行阐述和反驳，同时对代议制理论进行了一般性探讨。

关于参议院他讨论了以下四个问题：参议员的资格、各州议会对参议员的任命、参议院中的平等代表权、参议员人数及其任期。他提出了参议院所能提供的七个好处：有助于立法机关牢记对选民的责任和忠诚于选民的重托；能防止一院制人数众多的议会为突发的强烈感情而通过过分和有害的决议的弊端；有助于增进人们对立法目的和原则的了解；有助于提高立法机构的稳定性；能提供一种应有的民族荣誉感；有助于政府实现对人民应负的责任；有助于纠正人民自身的错误。在讨论的最后，他着重批驳了那种认为参议院有可能建立寡头政府的反对意见。

一、众议院的资格和任期规定

麦迪逊认为对众议院，人们要考虑的第一个问题是其选举人和候选人的资格问题。选举权是共和政体的基本内容，给这项权利定义的任务理应留给制宪会议，而不是邦联的临时条例或者各州政府，尤其是假如交给州政府，将使众议院过于依靠州政府，这与它单独依靠人民的性质是不相符的。新宪法对于联邦立法机关选举人资格的规定与大多数州的立法机关选举人资格的规定是一样的。根据新宪法，合众国的众议员必须年满二十五岁，有七年的合众国公民资格，且在选举时必须是他所代表州的居民；其任职期间不得在合众国担任公职。在这些合理限制之下，众议院的大门对所有人开放，而不论是本国出生还是入籍的移民，也不论其年龄、贫富、职业和宗教信仰。

对于众议员的任期，麦迪逊认为需要考虑两个问题：第一，在当时情况下两年一度的选举是否安全。第二，这种选举是否必要或有用。

就第一个问题而言，麦迪逊认为一般说来政府与人民有共同利益，这对自由必不可少。部分候选人应该直接依赖人民，并与人民有亲密的共同感情，而经常性的选举无疑是获得这种依赖和共同感情的最有效办法。但需要何种程度的期限则难以从理论上作出确切估计，因为这取决于很多相关情况，在此有必要考查现有的经验。古代国家没有代议制政府的经验，因此麦迪逊主要研究了与美国情况较为接近的三个近代案例。

第一个例子是英国下院，英国议会的历史在大宪章以前模糊不清，这之后最早的记录证明议会是每年开会一次而非每年选举一次，这些一年一次的会议也多半由君主任意决定，君主往往以各种借口使议会出现长时期和危险的中断。为了改善这种情况，查理二世时期（1661~1685）有一条法令规定议会中断时间不得超过三年，而在威廉三世（1689~1702年在位）即位后也宣布议会必须经常召开。威廉三世时的另一条法令，将"经常"一词的含义明确为三年，它规定新的议会会议应在上次议会会议结束后三年内召开。从三年改为七年的变更是本世纪（18世纪）初作出的。麦迪逊认为以上事实表明，英国认为使议员受选民约束的选举是必要的，而其濒次最多也没有超过三年一次。考虑到长达七年一次的选举所能保留的自由以及英国议会制的其他错误，可以确信，从七年减为三年以及其他改革必然会扩大人民对议员的影响。而在美国联邦制度之下，两年一次的选举自然不可能消除众议员们对其选民的必要依赖。

第二个例子是爱尔兰。爱尔兰的选举直到当时还完全由君主自行管理，除非是新王即位或发生意外事件，否则不会进行选举。从乔治二世（1727~1760）登基后开始的爱尔兰议会在他整个统治时期始终未变。在爱尔兰，议员对人民的唯一依赖在于人民有权通过选举新成员来补足偶然的空缺，或者遇到某些大事时可能进行一次新的普选。因此爱尔兰议会维护其选民权利的能力，由于君主对议会的控制实际上大受束缚。后来这些束缚被打破了，爱尔兰成立了八年选举一次的议会，这种局部改革会造成什么结果有待进一步观察。在爱尔兰的例子中，如果该国人民能在所有这些不利条件下竟然还保持了一点自由，那么两年一次的选举无疑会加强人民与议员间的紧密联系，使人民获得更高程度的自由。

第三个例子是英国殖民时期的美国各州。当时各州至少都在议会的一个部门里确立了代议制原则，选举期限则从一年至七年不等。根据革命以前议员的精神和行为，人们没有任何理由推论两年一次的选举对公众自由会造成威胁。在抗英斗争开始时，各州所表现出来并消除了独立的种种障碍的精神，最充分地证明了当时各州都享有充分的自由。人们对自由价值有充分的认识，适当扩大自由的热情普遍存在，当时选举次数最多和选举次数最少的殖民地都是如此。弗吉尼亚州是最先反抗英国议会并用公共法令表示拥护独立决定的殖民地，当时它的选举是七年一次。这个例子当然并不是作为榜样的，当时它居于优先地位可能是偶然的，而且七年一次的选举，与次数更多的选举比较起来也不足取。但这个事实足以证明，两年一度的选举不可能危及人民的自由。

麦迪逊还指出以下三个原因都能证明两年选举一次的安全性。第一，众议院只有部分最高立法权。立法权限与选举时间的关系如下：在没有其他情况的影响下，权力越大，权力的期限应该越短，换言之权力越小，则延长权力的期限就越安全。第二，众议院不仅和其他政体中的立法机关一样受到人民的约束，还将受到某些附属的立法机关（参议院）的监督和管制。第三，与联邦政府的其他常设部门相比，众议院逃避对人民责任的手段少得多，影响民众的手段则要多得多。因此，联邦众议员可以滥用的权力较少，会很少受到诱惑，会受到加倍的监视。

当时美国有一句谚语说道："一年一度的选举告终之时，就是暴政开始之日。"在麦迪逊看来，这句谚语有一个完全不适合当时美国情况的根据，那就是存在一部由政府制定的，并且能够随意更改的宪法，这与美国当时由人民制定的，且政府不能随意更改的宪法之间是有着本质区别的。美国人民能理解这一区别，其他任何国家的人则不容易理解。因为其他国家有最高立法权的部门有改变政体的充分权力，甚至在人们对政治自由和公民自由的原则讨论得最多、宪法权力也最多的英国也是如此。英国议会当时就坚持它的权力就一般法律和宪法而言都是至高无上和不受管束的，而且现实就是这种情况。这些危险做法，引起了一些把经常选举作为自由政府基础的人们的警觉，促使他们寻求某种方法来防御自由所受到的威胁。在高于政府的宪法既不存在也不能获得的地方，人们无法尝试建立类似合众国所制定的那种合乎宪法的预防措施。他们只能寻求其他预防措施，而选择一段普通时间以此衡量改革的危险、固定国民情感并联合爱国力量，似乎就是最好的预防办法。一般而言，最简单和最常见的时间就是一年，为了对不受限制的政府的逐渐改革造成某种障碍，人们便采用一年一度的选举，以防止走向专制政治。在麦迪逊看来，没有任何必要把这个办法应用到像美国联邦政府那样受到至高无上的宪法权力限制的政府，因为由这样一部宪法严格规定的两年选举一次的制度下的美国人民的自由，要比其他任何国家的自由都更有保障。虽然那些国家的选举是一年一次甚至更多，却要最终服从于政府根据寻常权力作出的更改。

对于两年一次的选举是否需要或者有用，麦迪逊认为应该给予肯定的答复。有几个非常显著的理由：首先，一个人要成为一个合格的立法者，除了要有正直的意图和正确的判断以外，还需要某种程度的有关于立法问题的知识。这样的知识一部分可以从各种公私职位的经验中取得，另外的部分只能通过在需要利用这种知识的岗位上的实际经验来获得，因此任职期限，应该与获取履行该职务所需的知识实际需要的时间相称。大多数州为立法部门人员规定的任职期限是一年，而考虑到联邦立法所需知识的复杂性，联邦众议员两年的任职期限是合理的。在每个州里议员需要掌握的是关于本州的、本州公民都比较熟悉的现行法律常识，以及对该州的一般事务的必要知识，这些都相对比较简单，而且是各阶层人民非常注意和时常谈论的；而联邦众议员的舞台则要广阔得多，因为各州的法律互不相同，联邦的公共事务分布广泛，同这些事务有关的各地事务也是千变万化，而除了联邦会议以外，在任何其他地方都难以对全国的情况有确切了解，因为只有全国各地的代表才会把这些公共事务的消息带到中央会议上。由于各州的情况要比一州内复杂，因此议员们也应该有更长的任期来获得足够的经验。

麦迪逊指出，以上的困难会随着时间推移大为减少，因为最困难的工作是政府的正式成立和联邦法典的初步制定，在此之后，初稿的修改将一年比一年容易，并且会逐年减少。政府以往的议事录会成为新议员了解正确情况的现成的源泉；联邦的事务也会逐渐成为一般公民所研究和讨论的对象，各州间公民的不断交往，有助于相互了解彼此的事务，有助于习惯和法律普遍同化。但即使困难不断减少，众议院事务的新奇和困难程度必然仍超过一个州的立法事务，因此被任命处理联邦立法事务的人有一个较长的任期是正当的。此外众议员还应具有一定的外交事务方面的知识，因为在管理贸易时他们不仅需要熟悉合众国和其他国家之间的条约，还需要熟悉其他国家的贸易政策和法律，他们也应该对国际法略有所知。虽然众议院并不直接参加对外谈判和协商，但由于公共事务某些部分的必要联系，这方面的知识都是可能会用到的。这些知识一部分可以从书本上获得，但有些部分只能从实务经验里得到，在立法机关服务期间对此问题予以注意是获得这些知识的最有效途径。

麦迪逊接着讨论了议会工作本身的一些内在规律。在他看来，在所有这类议会里，都是少数议员具有较高才能，他们通过多次当选，成为长期的议员和公共业务的真正专家。新议员的比例越大，大多数成员了解的情况也就越少，他们就越容易跌入外人为他们设下的陷阱。此外经常选举虽然确实有一些好处，但也相应地存在如下缺陷：假选举不能及时被调查和取消，一个人如果采用非法手段当选，他取得席位以后一定会保持相当时间来实现他的非法目的。如果联邦立法机关的选举是一年一次，如果出现了假选举，联邦议院必然会从议员的选举资格和议员的当选等方面作出审查，根据以前的经验，不管采用什么改进办法来简化和加速这一过程，在罢免一个不合法的议员以前，一年的大部分时间必然已经过去。这实际上会鼓励通过不公平和非法手段来获取议席的做法。

通过上述讨论，麦迪逊认为人们能够肯定地得出如下结论：两年一度的众议院选举不仅有助于公众事业，而且能够保障人民的自由。

二、众议院名额的分配及议员人数

众议院的第二个主要问题是其议员名额在各州如何分配。在麦迪逊看来，按照无代表权不纳税的原则，众议员名额分配规则应该与决定直接税的规则一致。当时人们普遍同意各州的总人数（包含自由民和奴隶两个部分）不应成为分配众议员数量比例的标准。这种规则主要涉及人民的政治权利，与个人权利有着自然而普遍的联系；而税收规则涉及的主要是财富比例。现行的税收规则虽非衡量财富比例的精确尺度，但它在现行规章中是最无可非议的，不仅各州普遍批准，而且制宪会议也赞成。有人认为如果接受下述两条：其一是用各州人数作为计算众议员数目的标准；其二是把奴隶与自由民的人数合在一起作为征税的比例标准。可以推定，奴隶应该包括在计算议员人数的州人数之内。但奴隶当时又被普遍认为是财产而不是人，因此合理的做法是把奴隶包括在估计税额的依据财产之内，同时排除在计算众议院代表权的人数之外。

麦迪逊认为上述意见会遭到批评，南部蓄奴州的公民可能会提出以下观点。如果接受众议员名额同各州人数直接有关，以及征税则同财产直接有关这两项原则，并把这个区别应用到我们的奴隶问题上时，就必须承认这个事实：奴隶不仅仅被看作财产，有的情况下也被看作人。实际情况是奴隶的确兼有这两种特质：当时的法律在某些方面把他们当作人，在其他方面又把他们当作财产。一方面，他们被迫为某一主人而非自己劳动，可以在不同主人间买卖，经常由于别人的变幻无常的意愿而被限制自由和遭受体罚。由于这些原因，奴隶似乎被降低到人类之下，而被归入那些属于财产这一合法名称的无理性动物之中。但另一方面，奴隶的生命和肢体得到法律保护，任何人甚至其主人都不许对其加以伤害。而奴隶本人如果伤害别人，也要受到惩罚，因此奴隶同样显然被法律认为是社会的一个成员，而不是无理性动物的一部分。他们是道德的行为者，而不只是一种财产。因此，《联邦宪法》在奴隶问题上认为他们兼有人和财产的特性（将奴隶当作五分之三个自由民）是非常恰当的决定，因为他们生活在其治下的法律所给予他们的真实特性，应该承认这些都是适当的标准。只是因为法律上已把黑人变成财产项目这一口实下，在计算人数方面才能不给他们一席之地；如果法律恢复他们被剥夺的权利，那就应该给予黑人与其他居民相同的选举权。

人们普遍同意人数是衡量财富和纳税的最好标准，因为这是选举众议员的唯一适当标准。如果制宪会议在计算选举人数时把奴隶从居民名单上除去，而在核算税率时又把他们列入名单，如此制宪会议就不能实现公正和前后一致。在增加负担时

117

把奴隶多少当作人看待，在给予便利时则拒绝对他们同样看待，南方各州不太可能同意这样的办法。有一些人责备南方各州把一部分人类同胞当作财产的野蛮政策，但在组成包括南部各州在内的联邦政府时，他们却比南部法律更加彻底地不人道地把奴隶当作财产，这也是说不通的。

有人认为任何有奴隶的州在计算代表时都不应把奴隶包括在内，因为他们自己既不投票，也不增加主人的投票数，因此没有任何理由把他们列入联邦计算的选民数字之内，他们还认为宪法在这方面应把他们完全排除在外。这种意见也是不成立的。新宪法的基本原则是，众议员总人数由联邦规章根据居民总人数来决定，决定各州被分配人数的权利由各州所指定的部分居民来行使。因此决定选举权的资格在任何两个州里并不相同，在某些州里差别很大。在某个州里，州宪法把某一部分居民的此项权利剥夺了，而这些人却会包括在《联邦宪法》借以分派众议员人数的人口之中。南方各州可以以此来反驳以上意见，坚持说制宪会议的原则要求各州对其居民政策置之不顾，南方各州可以把奴隶作为居民按其总数包括在人口调查中，和其他州不能享有全部公民权利的其他居民一样。然而南部各州却并未坚持严格遵循此项原则，他们要求在纳税和计算人数时，把奴隶问题当作特殊问题，共同采纳宪法所提供的妥协办法：把奴隶当作居民，但是把他们的地位降到自由居民的水平之下，将一个奴隶当作被剥夺至五分之三的自由人。

代议制不仅同人有关，也与财产有密切关系。组织政府既为保护个人，同样也为保护财产，因此二者都应由担负政府职责的人来承担。根据这个原则，某些州尤其是纽约州，就特别指定政府的某一部门保护财产，这个政府分支是由社会上对政府的相关目标最感兴趣的那部分人选举的。这种做法并不占主导地位。保护财产权和个人权利的职责都交到同一些人的手里，因此在挑选这些人时应该注意财产问题。另外联邦立法机关给予各州人民的投票数，应该同各州的财富成某种比例。各州在投票时不会因财产的不同而相互发生影响。大州和富州的众议员除了他们人数较多这一点可能造成有利条件以外，在联邦立法机关里不会比其他各州众议员占有其他有利条件。因此他们的财富优势和重要性在众议院中只应该通过占优势的选票取得的。根据新宪法，一些联邦决议不必经过各州的同意就能生效，这些决议是否能通过只取决于联邦立法机关的票数多少，每一票不管来自哪个州都具有同样的重要性和效力，如果某些人影响力较大那也只与他个人特质相关。

麦迪逊指出，上述是那些维护南方利益的人在这个问题上可能的观点，他认为虽然这些观点的某些论点有些牵强附会，但整体说来应该承认它完全满足制宪会议所定的选举标准。制定一种选举和纳税的共同标准会产生极其有益的效果。新国会所得到的准确的人口数量，在很大程度上取决于各州的合作，要尽量消除各州在报告中增加或减少人口总数的倾向。麦迪逊认为，如果只是各州的代表份额受这条规则约束，那么它们就有动机多报人口；如果这条规则只决定它们分摊的税额，它们就有动机少报人口。而当把这条规则扩大应用到这两个事务上时，二者互相约束和平衡，从而消除各州谎报人口的动机。

麦迪逊讨论的关于众议院的第三个问题是众议院应包括的人数。当时对宪法中这一条款的指责非常多，他认为所有指责可归纳为以下四条：第一，众议员数量太少而不能成为公众利益的可靠受托人。第二，他们对许多选民的具体情况不会有适当的了解。第三，他们将从很少同情人民群众的那个阶级的公民中选出，而且其目的多半是依靠对多数人的压迫而使少数人永远向上爬。第四，众议院的最初人数已经有些不足，随着将来人口增加，而众议员并不增加，其数量与总人口会越来越不相称。

在麦迪逊看来，最适当的众议员人数实际上是最难明确的。现实中各个州的政策在这一点上完全不一致，各州的立法机关人数各不相同，各州众议员与其选民人数的比例也同样千差万别。从理论上来看，一方面，为了保障自由协商和讨论，以及防止人们为了某些不适当目的能够轻易联合起来，需要相当数量的议员；另一方面，为了避免人数众多而造成的混乱和过激行为，议员的数量也应有最大限度。麦迪逊指出，在所有人数过多的议会里，不管它由什么人组成，情感都必定会战胜理智，即使每个雅典公民都是苏格拉底，人数过多的雅典议会也只会成为乌合之众的聚集之所。

麦迪逊接着详细考查了前述每一个反对意见。第一个反对意见是如此多的权力委托给如此少的议员是不可靠的。新宪法规定众议院在政府成立初期将包括六十五人，麦迪逊指出根据相关规定，第一次人口调查后众议员人数便能增加到一百，二十五年以后众议员人数将达二百，五十年以后可达四百（1911年美国众议院席位被锁定为四百三十五席，至今不变）。现有六十五名众议员只是暂时情况，实际要解答的问题只是现议员数量对公众自由是否构成威胁。麦迪逊认为在《联邦宪法》对立法部门严格的规定之下，这些议员肯定会成为可靠的受托者。考虑到美国人民当前的倾向、激励州议会的精神，以及同各阶级公民的政治特征结合在一起的原则，答案更是确定无疑。对于未来的情况麦迪逊不愿预言，他认为从当时和短期来看，美国的自由在这些议员手中是十分可靠的。

还有人认为众议员会受到外国的不良影响。对于这一问题，麦迪逊认为如果外国的黄金能轻易腐蚀联邦管理者，那么美国当时就不可能成为一个自由独立的国家。领导美国进行独立革命的国会是一个比其继任者人数更少的机构，其成员不由一般公民选举，也不向他们负责。他们虽然每年被重新任命且可随意被罢免，但通常连任三年，在《邦联条例》批准以前连任的时间更长。他们往往秘密商讨，并全权处理同外国的事务。在战争的全部过程中，他们掌握国家命运的程度远超未来的众议员们能掌握的程度。由于赌注之大以及失败后果的严重，可以推测敌方必然想过贿赂的办法。公众对他们的信任并未被辜负，国会的纯洁性没有受到损害，甚至连背后的诽谤都没有。

还有人担忧腐蚀众议员的危险会来自总统或参议院。麦迪逊指出，首先腐败的资金来源就是个问题，其次他们所具有的唯一手段在于官职的分配。麦迪逊认为在来源基础不同，同时公职人员对赋予他们职权的社会高度负责的美国共和政体之下，众议员们不可能既唯利是图又背叛人民，这种忧虑实无必要。事实上新宪法还规定了进一步的防备办法，那就是国会议员在其任职期内不得担任任何可能被授予的文官职务，也不得在任期内增加薪金。除了正常死亡造成空缺以外，总统及参议院议员不得分配任何官职，用这些空缺贿赂各位众议员只能称为幻想。麦迪逊指出，一些过分热衷这种思想的自由之友可能并没意识到他们给自由事业造成了怎样的损害，人类虽然有某种程度的劣根性，有某种程度的慎重和不信任，但人类本性中也还有其他品质，证明某种尊重和信任是正确的。共和政体比任何其他政体，都要更以这些品质的存在为先决条件。某些人因政治妒忌所描述的图景恰好符合人类的特性，可以推论人类没有充分的德行实行自治，只有专制政治的锁链才能阻止他们互相残杀。

第二个反对意见是众议院太小，因而不能掌握有关选民利益的应有知识。麦迪逊认为这个反对意见是把提供建议的众议员人数和合众国的广大幅员、居民人数及其不同利益比较之后得来的，其问题在于并未考虑使众议院有别于其他立法机关的各种情况，因此应对此加以说明。众议员应该熟悉选民的利益和情况，这无疑是正确而重要的原则，但这个原则只能应用到与众议员的职权和负责处理的事情有关系的情况中。对于不属于其立法范围的各种细微和特殊事物缺乏知识的情况，并不能说明其不具备严格执行立法任务所需要的品质，而且众议员们在需要决定行使某种权力要求的知识时，还可以求助于该项权力范围内的各种对象。联邦立法最重要且最需要的是本地对象关于贸易、税捐和民兵的知识。适当的贸易管理的确需要很多知识，税捐中涉及贸易管理中的关税部分也是如此，不过极少数当地众议员就能把这些信息知识向联邦会议进行充分的转达；捐税中的国内税部分需要关于各州更广泛的知识，但从州内选出的少数人也可以充分掌握，除此以外各州众议员所制定的各州法律在这些问题上也能提供充分的指导。每个州都有关于税收的规章，在税收问题上联邦议会的主要工作就是审查不同州的法律并使它们成为全国性的法令。一个内行人员只要有各种地方法典且不必借助口述资料，就可为联邦编制一部关于某些税收问题的法律。如果国内税要求各州一律，征税项目就会更加简单。各州法典包含当地情况将给联邦众议院准备工作提供便利，因此少数众议员就能承担立法工作并大大减少总的工作量。联邦议会处理此事时还有一项便利，各州的众议员会带来关于该州法律和地区的知识，遂可在各州议会中将州内各种具体情况和利益都会汇集在一起，因此少数人就可以轻易把它们从州议会带到联邦众议院。民兵问题与捐税问题类似，无论各州民兵的训练规则差异多大，在各州内都是完全一致的，民兵问题也不足为虑。

麦迪逊继续论述，就众议员应该具有广泛知识而言，为数适中的众议员都是足够的。这些知识与局部对象有关，不可缺少，并且难以掌握，这主要是由于各州之间的法律和地区情况不同。在单个州内，少数几个人就可以掌握对法律和利益作出正确说明所需的全部知识。每个州的利益和事务简单一致，关于某一地方的利益和事务的知识也能应用到其他各地，因此从任何地方选出一个议员就有资格代表全州。把各州加以比较时，便会发现各州法律及其他情况大不相同，不过如前所述，在联邦众议院中，来自各州的少数众议员就会带来关于他们本州的知识，每个众议员都会在交流中获得有关其他各州的足够知识。麦迪逊认为随着时间推移，各州的情况应该会同化，整个国家事务多样化和复杂化的程度会比较有限。但各州内部随着人口增加，多样性与复杂性会相应增加，未来各州将会要求更充分的代表权。制宪会议已经注意到这一点，《联邦宪法》规定在未来人口增长的同时，联邦政府的代议机关的人数应该有适当的增加。

第三个反对意见是众议院将由那些最不同情人民且多半旨在野心勃勃地抬高少数人地位而牺牲多数人的那个阶级的公民来选举。麦迪逊认为在所有反对意见中，这是最值得重视的。它好像针对一种寡头政治，但实际上它是要从根本上取消共和政体。在麦迪逊看来，一部政治宪法的目的应该包括两点：第一，人们应该选择具有最高智慧来辨别、最高道德来追求社会公益的人来承担公职。第二，公众委托时，应该采取最有效的预防办法使众议员们廉洁奉公。用选举方式取得公职人员资格是共和政体独有的政策，这种政体用多种多样方法预防他们腐化堕落，其中最有效的是任期限制，以此来保持他们对人民的适当责任心。联邦众议院的结构中没有任何地方违反了共和政体的原则，也没有有利于少数人牺牲多数人而使自己向上爬的空间。联邦众议员的选举人不论贫富、知识或出身，在选举中都有平等权利。选举人来自合众国的绝大部分人民，他们同样是每个州里行使选举州议会相应机构公职人员的权力的人。众议院的候选人是以其功绩赢得人民的尊重和信任，财富、门第、宗教信仰或职业都不会影响人民的判断或使人民选举忠诚议员的愿望受挫。

麦迪逊认为同胞们自由选举的众议员，是忠于选民的。第一，他们是由于同胞的爱戴而被选出的，可以设想他们一般是由于具有某种品德而得到名望，这种品德保证他们认真而仔细地关心自己的任务。第二，他们至少怀着对选民的暂时情感参加公共事务。每个人的内心对于荣誉、爱戴、尊敬和信任都怀有一种感情，即便撇开利害考虑不谈，这种感情本身就是感恩图报的某种保证。第三，众议员和选民之间的联系还会由于一些利己动机而加强。骄傲和自负一般会使一个人依附着一个有利于他的私利且让他分享荣誉和名声的政体，不管少数胸怀大志的人有什么希望或打算，至少大多数在人民中具有影响而飞黄腾达的众议员，对保持这种有利地位的希望会远超破坏共和政府的希望。第四，即使不通过经常性选举对众议员们加以限制，以上仍然能够保证他们忠于选民。因此众议院的组织方式首先要使其成员经常想到他们对人民的依赖。有了经常性选举，众议员们在行使权力时就会知道他们的权力必然有结束的一刻，到那时他们行使权力的情形将要受到审查，他们会降到当选以前的地位，除非他们忠实地履行职责并且重新取得上任资格，否则他们将永远留在原来的地位上。第五，众议员们所制定的法律，对他们自己和其他人必须一样完全有效，这经常被认为是能把统治者和人民联结起来的最坚强的纽带之一。如果没有这一点，所有政府都会蜕变为专制政府。限制众议院使其在法律上没有差别性地位，使整个社会获得以下优点：整个制度英明，法律公正，使美国人民具有警惕而勇敢的精神——一种培养自由又为自由所培养的精神。如果人民容忍一种只约束人民却不约束议会的法律，就会容忍除了自由以外的任何东西了。综上所述，众议院和选民之间的联系包括责任、感恩、利益和抱负，它们约束众议员们忠于并同情人民群众。

麦迪逊指出，也许这些还不足以约束人的任性和邪恶，但这些东西就是政府所承认和人们的谨慎所能够设想出来的，也是共和政府为人民的自由和幸福所能采取的真正和特殊的手段，而且每个州政府也采用同样的手段来实现同样的目的。一些人在口头上热烈拥护共和政体，却拼命指责其基本原则，假装拥护人民选择自己的统治者的权利，却认为人民只会选举那些会立刻辜负他们信任的人，对这些人的意见，大可不必理会。

麦迪逊指出，如果新宪法中的选举资格附有不合理的财产条件，或者被选者限于那些特殊家族或有产业的人，或与各州宪法的规定有极大的差别，那么这个指责才算有点根据，但所有这些都不符合事实。就选举权的规定而言，联邦和各州唯一的区别是联邦的每个众议员将由五千或六千公民选出，而在个别州内众议员由数百公民选出。只有在前者不能选择一个适当的众议员，或更容易被贿赂的情况下，这一指责才能成立。而实际情况恰恰相反，因为在这么多的人当中更容易找到一个适当的众议员，在选民增加的情况下，野心家的阴谋或富人的贿赂也更难使人们放弃选择合适的人。就外国的经验而言，英国的法律关于下院选举权有各种财产限制等不平等条件，但并不能说该国的议员是少数人靠牺牲多数人而爬上去的，美国各州情况也如此。麦迪逊认为事实证明了上述指责全是谬误，因为所有州无论是参议员、众议院还是州长的选举，都没有产生如此结果：人民通过普选选出的众议员，成为飞黄腾达且损害公众自由的背叛者。

第四个反对意见是众议员人数不会随着人口增长的需要而

随时增加。麦迪逊认为这个意见只是对问题的片面看法。他指出反对者们没有看到，联邦宪法对逐渐增加众议员人数方面要比各州宪法坚决得多，最初的议员数目已经声明是暂时的，任职期限只有三年，以后则每隔十年调查一次人口。这些规定的明确目的首先是随时重新调整众议员与人口的比例，但每州至少要有一名众议员；其次是在同时期内增加众议员的人数，但总数有限制。有些州宪法在这个问题上没有明确规定，其他州宪法在这一点上与联邦宪法相同，所有州宪法中最有效的保证都只是一种指导性的条款。州宪法规定众议员随选民人数增加而增加，各州选民要求如此，众议员们则同意如此。《联邦宪法》还有一个特点，它将保证众议员的人数的增加要合乎宪法。众议院代表全体公民，参议院则代表各州，在众议院中大州较有影响，参议院对小州有利。从这个情况我们可以合理推测，各大州将竭力赞成增加众议院的人数和权力，现在四个最大的州拥有众议院选票的多数，如果反对各小州的众议员名额合理增加，少数几个大州就能把他们的意见推翻。平时各大州间的彼此敌对和地区偏见会阻止它们联合，在有共同利益且宪法认为是正当时，联合必然会发生。一些人认为，相似的情况也会促成参议院的小州联合，而在很多问题上两院的联合是必需的，一些正确的和合乎宪法的见解可能无法达成。麦迪逊认为只要经过仔细考虑就会知道，这也只是表面上的困难。因为尽管两院在名义上具有同等权力，但是议员人数较多的众议院会得到力量比较强大的州支持。对于有关多数人民的问题在其最终决议决定于两院中哪一院态度比较坚定时，众议院将占有不小的优势。而且如果众议院意识到其意见符合正义、理智的原则，得到宪法的支持，如参议院意识到此种情况，则众议院的态度更坚决。有些处于最小州和最大州之间的州，虽然通常把自己算在小州之列，实际上在幅员和人口方面与大州相去不远，所以它们也不会反对一些正当和合法的要求，因此即使在参议院内，投票结果也未必会不利于众议员人数适当增加。此外，将来还会有来自新州的参议员，其刚加入联邦时人口较少，由于这些州在一个长时期内人口的增加会特别迅速，所以他们会对日后按人口数目重新分配众议员感兴趣。因此，在众议院占优势的各大州只要能使众议员名额重新分配和以增加众议员人数互为条件，对那些来自人口增长最快的各州的参议员而言，按最新的人口数量重新分配众议院名额就必然会对本州有利，而由于名额重新分配又与增加人数相互挂钩，因此他们自然也就会支持增加众议员人数。总而言之，参议院不会成为适当增加众议院人数的阻碍。

麦迪逊认为，上述理由足以消除人们对这个问题的一切忧虑。即使这些都不足以抑制小州的不公正政策或它们在参议院中的支配力量，大州仍有一个合乎宪法且确实可靠的手段来随时达到它们的正当目的。众议院虽不能单独拒绝，但是能单独提供维持政府所需的费用，简而言之，它们掌握了国库。国库从来就是一个强有力的工具，在英国的宪法史上，一个地位低下、处于襁褓之中的议会下院，就是借助这个逐渐扩大了它的活动范围，提高了作用，最终削弱了英国政府中其他部门过多的特权。事实上，这种掌握国库的权力可以被认为是最完善和有效的武器，任何机构仅用这种武器，便能纠正一切偏差并实行正当有益的措施。麦迪逊承认也有可能由于众议院和参议院一样关心维持政府的正常运作，因此在二者发生冲突时，在认为参议院不会让步或它态度十分坚决时，众议院的确可能会为了政府的正常存在和名誉而首先作出让步，但在麦迪逊看来这个问题并不是真实存在的。在一切情况下，执掌权力的人数越少，其职位越是永久和显要，他们个人对同政府有关的任何事情的关注也一定最强烈。那些代表其他国家尊严的人们，对于公共的威胁或公务方面的可耻停滞的各种前景会特别敏感。在英国的历史上，无论何时使用这种货币法案手段，英国下院都能取得胜利。参议院的绝对固执虽然会引起全国各部门的普遍混乱，但是完全没有必要过于担忧，因为联邦参议院或总统的最大程度的坚定，绝不会超过将以宪法和爱国为原则的众议院反抗的坚定程度。

麦迪逊最后指出在所有立法会议中，组成的人数越多，实际上指导会议进行的人就越少。众所周知，一个会议无论由什么人组成，人数越多，情感就越是胜于理智；人数越多，知识肤浅和能力薄弱的成员所占的比例就越大，这时少数人的雄辩正好会对这类人起到有力作用。在古代共和国里，全体人民集会，在那里通常可看到一个演说家或一个手腕高明的政治家左右一切，好像他自己独掌大权一样。同理，一个由代表组成的议会人数越多，它就越是具有人民集体集会中特有的那种优柔寡断，无知者将成为被诡诈愚弄者，情感也将成为诡辩和雄辩的奴隶。人民的最大错误莫过于作出这样的假定：通过把自己选举的议员增加到超出一定限度，便可加强对少数人统治的防备。而经验永远会告诉他们，恰好相反，当为了安全、了解各地情况和保持整个社会的普遍认同等目的，而使议员达到足够人数以后，再增加他们的人数便只会阻碍自己的目的。因为随着议员人数的增加，一个政府的外貌可能变得更加民主，但是它的活动精神将更多地是寡头政治精神，民主机器会扩大，但是促其运转的原动力却将更少。

麦迪逊认为应适当注意什么样的人数可以胜任立法事务。一般说来，人们普遍认为在议会应该需要多数（一般为三分之二，不同于半数）以上的人作为法定人数，在特殊情况下还需要多数以上的法定人数来作出决议。他认为这种预防办法的确有某些作用，可防止某些特殊利益实现，还可防止采取一般的轻率片面的措施。不过这种办法也有坏处，如在正义或公益要求通过新法律或采取积极措施时，如果坚持多数以上的法定人数才可作出合法决议，自由政府的基本原则便会被废弃，此时统治的不再是多数人，权力实际上会转交给少数人。如果把这种防御特权限于特殊情况，那么有利害关系的少数人就会乘机避免为全体福利作出正当的牺牲，或者在危急关头强求不合理的特殊好处。因此，这种办法只会有助于有害的分裂行为，在一些州里就出现过这种行为，这类行为会破坏秩序和正常管理，而且比任何其他行为都更直接地导致公众的骚乱和民主政府的毁灭。

三、参议院的四个问题

麦迪逊简要讨论了关于参议院的四个问题：参议员的资格、各州议会对参议员的任命、参议院中的平等代表权，以及参议员人数及任期。

《联邦宪法》草案中参议员的资格不同于众议员的资格，区别在于年龄更高和拥有国籍时间更长。根据《联邦宪法》，众议员要年满二十五岁，参议员则至少要年满三十岁；众议员只要求入籍七年，参议员则必须入籍已满九年。麦迪逊认为这些区别是适当的，这是参议员的职责性质使然。相比众议员，参议员应该更了解国家情况，更加成熟，因此需要参议员达到最可能满足这些条件的年龄，同时因为直接与外国交涉，他们应该完全消除由于在国外出生和受教育而产生的先入之见与习性。九年之期是恰如其分的中常之道，既不会完全排斥德才受公众信赖的入籍公民，也不至于不加区别和操之过急地对新移民予以容纳。简而言之，九年入籍时间足以消除在国家机构中受到外国影响的风险。

　　宪法还规定由各州议会任命参议员，麦迪逊认为这一规定在当时不仅最符合舆论要求，而且还有其双重优点。这种任命方式可以保证参议员的才德，同时让各州政府在组织联邦政府过程中发挥了一定的作用，一方面能保障各州政府的权威，另一方面使参议员成为联邦政府与州政府之间的适当桥梁。

　　麦迪逊指出，参议院中的平等代表权显然是有对立主张的大小各州相互妥协的结果。人们一般认为在由一个完整的民族组成的国家之中，各个地区在政权中应有按比例分得的代表权；如果独立的主权国家为了某一目的组成联盟，则不论国家大小，各方在共同的委员会中都应有平等代表权。按照上述原理，在具有民族和联盟双重性质的复合型共和国之中，政权也就应该建筑在按比例和平等的代表权这两个原则混合的基础上。不过人们也普遍承认，当时的《联邦宪法》并不是抽象理论的产物，而是"政治形势特点所不可或缺的互相尊重忍让、友好敦睦精神"产生的结果，因此不能仅从理论上去考查这部宪法。一个具有足够权力以实现其目标的共同政权，在当时既是舆论的要求也是政治形势的需要，而建立在屈从大州意志原则基础上的政权，小州不太可能接受。因此可供大州选择的方案只有两种，要么是草案中设想的这种政权形式，要么是单一共和国。在二者必取其一的情况下，明智的做法是两害取其轻，与其无望地眷恋或许可能占到便宜的结果，还不如明智地考虑可能少吃些亏的有利结果。各州享有平等的表决权，既是宪法对仍由各州保留部分主权的认可，也是各州维护这部分主权的手段。对于平等的代表权，各大州并不比各小州更难接受，因为各大州也极不愿意把各州统一成单一共和国。此外麦迪逊还认为，新宪法在参议院组织方面的这一特点，还能够防止不恰当立法行为。因为按照这样的安排，任何法律和决议如果不首先征得大多数人民的同意，并且随后取得大多数州的同意，都无法通过。他承认立法程序的这种复杂牵制在某些情况下可能是有害的，只有在各小州共同权益受到特别威胁时，维护小州权益的这种牵制才是合理的。但是如前所述，既然各大州可以靠其资源和财力去阻止小州无理地滥用这一手段，而一个政权最可能发生的弊病往往是立法过多和过于随便，宪法的这一规定，在此后的实践中会被证明是适宜的。

关于第四个问题，根据《联邦宪法》，每州选举参议员两名，任期六年。麦迪逊针对这两个规定进行了非常详细的讨论（参见下节），根据参议院的功能和所能带来的益处，他断定这一规定是《联邦宪法》中十分必要的精华部分。

四、参议院的优点与篡权危险

麦迪逊对于古今历史上的参议院有着十分深入的研究，在关于参议院的讨论中，他充分利用了自己相关方面的知识，结合美国当时的现状对参议院的功能和优点进行了深入的讨论。其内容基本可以归结为七点。

第一，麦迪逊认为虽然共和国政权相比其他政权形式，发生忘记对选民的责任和辜负选民的重托等情况的可能性要少一些，但仍有可能发生。而如果有参议院作为立法机关的第二分支，有别于众议院但又与之分享权力，那么在一切情况下它都会成为前者的制约力量。如果立法部门有两个机构，那么僭越权力或背离职守的阴谋需两个不同机构的同意才能实现，相比之下单一机构就更容易为野心所左右或被贿赂所腐蚀，因此两院制无疑能够加倍地保障人民的利益，而且两个机构的特点越是不一样，就越是难以勾结起来为害。在麦迪逊看来，在保证能够对一切正当措施进行协调和符合共和政体原则的基础上，使这两个机构在一切方面有所不同无疑是恰当的。

第二，麦迪逊认为一院制且人数众多的议会，很容易为突发的强烈冲动感情所左右，或被一些宗派分子所操纵，错误地通过一些过分和有害的决议，这一点也足以证明设置参议院的必要性。事实上，这一类实例在美国的政治实践中和其他国家的历史上都数不胜数。参议院既然旨在纠正这种弊病，其人数应该较少，机构也要更加稳定，行使权力的期限也要相当长。

第三，麦迪逊认为，众所周知，众议院中还有一个常见的问题，那就是有时对立法的目的和原则缺乏适当的了解，而参议院也可以纠正这一点。如果大多数议员之前都从事私人性的职业且任期短，在任职期间又没有持久研究法律专业以及国家的全面利害，把这样一群人凑在一起且任其所为，他们必然会在执行其立法职责中犯下各种严重的错误。麦迪逊认为，美国人民所面临的困难中，有相当一部分是各级政府失算造成的，应该对这些失算负责的大多数人并非存心不良，而只是头脑不灵。当时美国各级议会中存在着法律随意订立、废除、解释和修正的现象，在麦迪逊看来这一切都是智力欠缺的表现，实质上也是本届议会对上届议会的否定。这些事实都应该让人们意识到，一个组织完善的参议院会对此问题十分助益。麦迪逊进一步指出，一个好的政府应该做到两点：一是信守政权的宗旨，亦即人民的幸福；二是了解实现其宗旨之最佳途径。当时美国各级政府的问题在于不太重视后一点，而参议院的存在无疑能够纠正这一错误。

第四，麦迪逊认为，民意机构由于其成员不断更迭会有不稳定性，而且不论如何限制，其负面影响都十分显著，因此在政权中设置一个稳定的机构十分必要。变化不定的政府的恶果非常之多，麦迪逊认为主要包括三点：首先，政府人事多变会使其失去其他国家的尊重和信任，并失去同民族荣誉相联系的一切好处。一个人如果计划多变或者无计划，人们会认为此人愚昧荒唐，不久就要自食其果。他的朋友或许对他有所怜惜，但却不会与其共事，而且利用其缺点谋利的将大有人在。国家之间与个人之间极为类似，若有差别则更为可叹，因为国家不太会像个人有仁爱之心，因而在乘人之危上更无克制。因此如果一个国家不善于处理国事且缺乏坚定性，同时其邻国则不仅手腕高明且政策一贯，那么它在与邻国交往中必然事事吃亏。其次，法律与政策的多变在国内造成的灾难会更严重，甚至享有的自由好处本身也会受到危害。法律是人们行为的准则，如果法律烦琐且矛盾百出，而且还随意制定，那将导致人民不能知晓且无法遵之为准则，这样的法律即便由民选代表制定，也肯定于民无益。政策多变会有利于精明大胆而又富有的少数人，但却不利于勤勤恳恳而不了解情况的人民大众。因为一切新的规定，不论是涉及商情或税收的，凡是影响各种形式的财产价值的，都会成为关注行情变动、善于估算后果的人加以谋利的机会。此种情况下，这些人便会不劳而获，占据大多数同胞辛勤劳动的成果。麦迪逊认为，如果说这样的法律是为少数人而不是为多数人制定的，也是有道理的。最后，不稳定的政府还会不利于改进和创新，并使得政府离心离德。不稳定的政府会导致人民对政府机构缺乏信任，人们便不敢贸然从事有益的事业，因为事业的成败利害往往取决于现行安排是否持久。如果个人的筹划还未执行就有可能被判为非法，老于此道的商人绝不肯把财富投入新的行业；如果政府反复无常，个人预先付出劳动或资本也难免受其害，那就不会有农场主或制造商肯把本钱放在政府号召生产的农工产品上。总而言之，如无一套稳定的国家政策予以鼓励，任何改进或创新都难以实现。麦迪逊最后总结到，一个朝令夕改且有负众望的政治体制，会导致人民对其离心离德，在这一点上政府无异于个人。一个没有一定的条理和稳定性的政府，必然得不到人们真正的尊重。参议院的设立无疑能极大地改善这种情况。

第五，参议院所具有的稳定性还能提供一种重要的民族荣誉感。麦迪逊认为，政府中如果没有一个精选且稳定的组成部分，其愚昧多变的政策会使外国对其失去敬意，这一点前面有所涉及。此外，如果没有这样的国家机构，一国也就不会理解国际舆论，而这对于获得别国尊重和信任是必要的。注意别国对本国的评价之所以重要，原因有二：其一，不论某一具体计划或措施是否恰当，都应使别国把该项计划或措施看作明智而体面的政策的结果，这一点无须多言；其二，在有些政策举棋不定的情况下，特别是在国家机构被人民的激烈情感或眼前得失所左右时，旁观者清，了解乃至设想一下外界的舆论，便可成为值得遵循的最佳指南。如果一切举措均能事先由人类公平舆论考察一下是否公正适宜，那么一个政府无疑能避免许多轻举妄动。然而在一个人多易变的机构中，人们是不可能具有充分的民族荣誉感的。民族荣誉感只能存在于人数很少的机构之内，这样该机构中的每个人才能为公共措施的对错承担合理的责任。它也只能存在于长期受到群众信赖的代表机构之中，只有这样，每个成员的自尊心和影响力，才可以同集体的荣誉和福利合理地结合在一起，而参议院恰好就是这样一个能够带来民族荣誉感的机构。

第六，参议院还有助于解决政府对人民负责任的问题。这种责任本来源于选举，但因选举过于频繁反倒可能消失。麦迪逊认为这一提法也许乍看起来不仅新颖而且自相矛盾，但对其略加说明后，人们就会承认其正确性。麦迪逊认为，责任如果要求合理，必须限于负责一方权力所及的事务上，而要做到有效地负责，又必然关系到此种权力的具体行使，只有这样选民才能对之形成及时而恰如其分的判断。一般而言，政府的事务大致可以分为两类：一类是合理实施且马上见效的单项措施；另一类则是慎加选择而密切联系的一系列措施，其实施过程是逐步的甚或是难以监察的。后一类事务对于一个国家的集体和持久福利之重要性无须说明。如果一个民选代表机构任期较短，它就只能在关系普遍与持久福利的那一系列措施中提供一两个环节，因之也就不应对其最终结果负责。有些事务历时数载且发展原因复杂，而各届代表机构若每年改选，其各自应负多少责任，人民实在无法估量。即使是选民可以看得到的那些个别实施且马上见效的单项行为，要确定一个人数众多的机构中各个成员应负多少责任也十分困难。对此缺陷对症下药，就必须在立法部门中增设一个机构，其任期要相当长久，以应付需要不断关注且采取一系列措施才能加以处理的事务。只有如此，政府成员也才能对此类事务合理关注并有效地承担责任，而参议院无疑是可以承担这种责任的最佳选择。

第七，一个组织完善的参议院对于防止人民由于一时的谬误而举措失当也十分必要。麦迪逊指出，人民通常有着冷静而审慎的见解，在一切形式的政体之下，其意志均应最终压倒统治者的意志，而在自由政体之下这种情况必然会变成现实。但在处理公共事务的某些时刻，如果人民为某种不正当情感及不法利益左右，或被某些私心太重且狡诈的人所哄骗，他们也可能主张采取一些错误措施，并在事后极为悔恨且予以谴责。在这种关键时刻，如果有一个由某些公民组成的稳健可敬的机构进行干预并防患于未然，以免人民自作自受，并使人民恢复理智，坚持正义与真理，那无疑十分有益。有人提出散处广大区域的人民，不太会像聚居于狭小地方的居民那样容易受强烈情感感染，进而群起而推行不义的措施。麦迪逊承认这一区别的重要性，而且他指出这正是之前他建议组成联邦共和国的主要理由之一。不过仍不应排除使用辅助性的预防手段。虽然地广人稀可使美国人民免遭小国常有的前一种忧患，但如某些私心太重的人勾结起来进行狡诈歪曲的哄骗，人民也有可能陷于一时难以摆脱的麻烦。因此设立参议院在特殊时刻来为人民提出明智的建议也是十分可取的。

总而言之，通过以上七个方面的论述，麦迪逊雄辩地证明，在联邦政府中设立参议院是极为必要的。接着麦迪逊从历史角度考查了参议院的重要意义。

他指出，历史中所有长久存在的共和国中都有参议院，对其进行简要考查是十分有意义的。历史上此类共和国有斯巴达、罗马和迦太基三国，在前两国中有终身任职的参议院，迦太基的参议院组织应与两者类似，且该国参议院中还设有更加精干的委员会，其成员任职终身，出现空缺时由参议院自行补足。相比其他古代共和政体的短命和骚乱不已，这三个国家的长久存在充分证明设立某种自由与稳定兼备组织的必要性。他认为，由于美国的实际情况有异于古今其他民主政体，因此进行类推时必须极其谨慎，不过由于类似之处很多，这些先例绝非不值一顾。麦迪逊认为美国与其他共和政体者相比，最大的优势在于代议制原则，这一原则是美国政府据以行动的基础。不过古代的共和政体与代议制毫不相关的说法并不确切，他认为提出人所共知的少数事实便能够说明此点。在大多数希腊的纯粹民主政体中，不少行政职能并不由人民直接行使，而是由民选的行政官吏行使；在梭伦变法之前，雅典由九名执政官治理，执政官每年由全民选举产生。这一时期之后每年由人民选举产生的人员先是四百名，后来增至六百名，这些人员部分地也在立法方面代表人民，因为他们不仅在立法职能上同人民相互联系，而且独享向人民提出立法议案的权利。虽然迦太基参议院的具体权力以及任期不得而知，但也似乎是由人民投票选举产生的，类似的情况在大部分古代民主政体中都依稀可见。斯巴达有五名执政官，罗马则有护民官，这两者人数不多但每年均由全体人民选举产生，而且被当作人民的代表并几乎享有全权。以上事实说明古代的人既非不了解代议制原则，也没有在其政治制度中对其全然忽视。古代政治制度与美国政府的真正区别在于，美国政府完全排除了作为集体身份存在的人民，而并不在于古代政治制度中完全排除人民的代表。参议院的设置，无疑是联邦政府吸收了古代共和国所提供的宝贵经验。

还有一些反对宪法的人指责并非由人民直接任命、任期又达六年的参议院会逐渐在政府中取得一种突出的地位，从而使政府演变成专制寡头政体。麦迪逊认为这一指责是不成立的。因实际上滥用自由与滥用权力一样都可能危及自由，而前者实例之多也并不亚于后者，在合众国中前者显然要比后者更值得担心。事实上为了把政府演变成一种专制寡头政体，参议院显然必须首先自己腐化，接着还要腐化各州的议会，腐化众议院，最后还得腐化全体人民。因为参议院若不首先腐化，就不可能企图建立专制统治；若不首先腐化各州议会，参议院也就不可能实现这一企图，因为定期轮换其成员必然会更新整个机构；若不同样也腐化众议院，政府中并存而又平等的众议院不可避免地会挫败这一企图；若不腐化人民本身，新议员的接替必将使一切恢复原有秩序。麦迪逊认为任何有理智的人都不会相信，拟议中的联邦参议院能够以任何可能的方式克服所有上述障碍，从而实现这种无法无天的野心。

此外，麦迪逊认为各州的经验也会和理智一样使人们能够排除这种疑虑。马里兰州的宪法就提供了最合适的案例，该州的参议院和联邦参议院一样是由人民间接选举产生的，其任期也仅比联邦参议院短一年。此外它还有权在其任期之内自行补缺，并且不像联邦议院一样受到轮替的影响。（联邦参议员每两年要轮替三分之一。）它还有一些其他后者不具备的次要特点。如果联邦参议院确实包含有某些人宣称的那种危害，那么马里兰州政府应该早已有类似危害的某些表象，但迄今尚无此种征象。相反，当初反对该州宪法有关章节的人在其实施的进程中逐步消除了疑虑，而且马里兰州的宪法还因此日益获得无与伦比的盛誉。英国的例子更加有说服力。英国上议院的成员不由选举产生，而且没有任期限制，它是一个全部由豪富贵族组成的世袭议会。英国下议院的成员不由全体人民选举产生，而且在很大的程度上是由人民中很小的少数选举产生的，其任期长达七年。按照反对者的逻辑，在英国早应看到上院贵族的篡权和专制，然而英国历史表明，这一世袭的议会实际上不能抵抗下议院的不断侵权而实现自保，一旦失去英王的支持，它便总是为下议院的力量所压倒。古代史中的先例也能驳斥上述怀疑性的反对意见，在斯巴达，尽管参议员们终身任职，但他们的权力却远不如人民每年选举产生的执政官，后者不断扩大其权威至集一切权力于手中。而罗马的护民官作为人民代表，几乎在对抗中打败了终身任职的参议院，并最终取得了对参议院的最后和完全的胜利，而更让人惊叹的是罗马护民官在其增至十人时仍需全体一致方可采取行动。以上的例子都能充分证明，自由政府的民选机构（此处指众议院）因有人民为其后盾，必然具有不可抗拒的力量。

因此，麦迪逊认为联邦参议院绝无可能通过逐渐篡夺而转变成一个独行其是的寡头机构。即使人之预见所防不胜防的原因发生此种演变，有人民为其后盾的众议院亦必能随时恢复宪法的原有形式及原则。与人民直接选举的代表力量相比较，参议院采取明智的政策，关心公益，才能争取与众议院分享全体人民的爱戴和拥护，维持宪法授予的权威。

第8章

宗教自由

麦迪逊毕生强烈主张维护宗教信仰自由。在殖民地时期的弗吉尼亚州,圣公会教会便是已得到确定的宗教,每个人都必须纳税以支持圣公会教会,而其他宗教教派则受到限制。虽然麦迪逊一家属于圣公会,但他们支持其他宗教教派的自由。麦迪逊在1776年《弗吉尼亚州宪法》的起草过程中起着领导作用,他与帕特里克·亨利等人一道起草了关于宗教信仰自由的条款。1784年帕特里克·亨利在州议会建议开征一项税收以支持基督教的教师时,麦迪逊对此表示了强烈反对。他认为这是一种政府变相确立国教的行为,在接下来的一年里麦迪逊写出了著名的《反对宗教征税评估的请愿抗议书》(又简称为《教税抗议录》),列出十五条理由反对宗教评定,这篇文章在州内广泛传播,使得反对开征教税的思想占了上风,麦迪逊最终击败了帕特里克。在1787年的制宪会议上,麦迪逊认为没有必要制定宪法条款保护宗教信仰自由,因为美国多样性的宗教教派及它们之间的对抗状态可以避免任何一个教派凌驾于其他教派之上成为国教。但出台《权利法案》时,麦迪逊转而起草了宗教信仰自由条款,并准备了第一修正案的第一次草稿。麦迪逊始终认为宗教只有不依赖于政府而存在或获得支持时,其功能才能得到最大发挥。他在《教税抗议录》中的雄辩集中体现了他对于宗教自由的看法，有人盛赞在麦迪逊的这篇雄文之后，任何反对宗教自由的思想在理性面前都无法立足。麦迪逊在该文中提出十五条反对开征教税的理由，完美表达了他关于宗教自由的思想。

　　1. 因为我们认为基本和不可否认的真理是，"宗教或者说我们对我们的造物主所负的义务以及履行的方式，只能通过理性和信念的指引，而不能通过强迫或暴力"。因此，每个人的宗教信仰必须被留给每个人的信念和良知，而且按照良心的命令进行宗教活动是每个人的权利。这项权利在本质上是不可剥夺的权利。它是不可剥夺的，因为人的见解只取决于他们自己的思想所考虑的证据，因而不能服从其他人的命令；它是不可剥夺的，还因为这里对他人的权利就是对造物主的义务。对造物主赋予他所认可的尊崇是每个人的义务。这项义务在时间次序和义务等级上都先于公民社会的权利。在任何人可被考虑为公民社会的成员之前，他首先必须被考虑为宇宙主宰的臣民；且如果公民社会的成员在加入任何下级组织时必须总是保留他对一般权力的义务，每个人在成为任何特定公民社会成员时更应当保留他对宇宙主权的忠诚。我们因而坚持，在宗教事务中，任何人的权利都不得为公民社会的机构所剥夺，且宗教应完全免于其追究。确实，对于任何可能分裂社会的问题，最终只能由多数人的意志决定，除此之外不可能存在其他规则；但同样正确的是，多数人可能会侵犯少数人的权利。

　　2. 因为如果宗教免于普遍意义上的社会权力，那么它就更不能受制于立法机构的权力。后者只是前者的产物和代理。他们的权限是次生和有限的：它相对于平行部门而言是有限的，相对于选民而言更必然是有限的。自由政府的维持不仅要求永远保持分离每个权力部门的界限，而且更要特别保证它们不能侵越捍卫人民权利的屏障。犯有这种侵占的统治者超越了他们从中获得权力的委任，因而便是暴君。受制于暴君的人民为既非由他们自己制定、亦非由他们产生的权力制定的法律所统治，因而是奴隶。

3. 因为对损害我们自由的第一次尝试采取警惕是适当的。我们认为这种谨慎的看护是公民的首要职责，是最近这场独立革命的高贵品质之一。美洲自由人没有等到篡夺的权力通过行使巩固自身，并纠缠于先例问题之中。我们从原则中看到所有的结果，且他们通过否定原则避免后果，我们对这一教诲如此尊重，以至不可能忘却。谁看不到同样的权力今天设立基督教，排除所有其他宗教，明天可能会同样容易地设立基督教的任何特定宗派，而排除所有其他宗派？同样的权力今天可以强迫公民只付 3 分钱的财产税，以支持任何一个教派，明天可能强迫他在所有情况下服从任何其他教派？

4. 因为法案违反了应作为所有法律之依据的平等，而法律的有效性或适当性越是容易受到挑战，平等就越必不可少。如果"所有人都生来同样自由和独立"，所有人都应被认为以同样条件进入社会，和其他人相比既不放弃更多、因而也不保留更少自然权利。最重要的是，他们应被认为保留"根据良心的命令而进行宗教自由活动的平等权利"。我们在为自己主张有自由接受、信奉并服从我们相信具有神性渊源的宗教时，我们不能否认其他还没有为说服我们的证据所说服的人具有同样自由。如果这项自由受到滥用，它是针对上帝而不是凡人的冒犯，因而最后是向上帝而不是向凡人负责。就和法案通过使某些人受制于特殊的负担而违反平等一样，它也通过给其他人授予特殊的豁免而违反了同样的原则。难道只有贵格会和一元论者教派认为对他们教派的强制性支持是不必要和不合法的吗？是否只有他们对于公共崇拜的关心的虔诚可以被信赖？那是不是应该赋予他们的教派以超过其他教派的资助的特权，从而吸引其他教派的信徒改信他们？我们十分相信这些教派的公正和良好的意识，以至于无法想象他们对这项措施的反对要么是贪求凌驾于其他公民的优越地位，要么是为了吸引另外的公民。

5. 因为法案隐含着下列意思，即世俗行政官是有能力鉴定宗教信仰的法官，或者说他可以把宗教用作为世俗政策的推进器。前者是傲慢的做作，早已为世界各地的历代统治者相互矛盾的看法所证伪；后者则是对拯救手段的亵渎和歪曲。

6. 因为基督教不需要法案所提议的立教——否则就和基督教本身相矛盾，因为《圣经》的每一页都否认对现世权力的依赖，因为众所周知，基督教不仅不依靠人类的法律，而且还在它们和它作对的时候生存和兴旺，而且不仅在神显灵的时候，还在它没有神的特别关照而自我证实的时候。不仅如此，说基督教需要法律支持还是自我矛盾的，因为一个不是由人类政策创造的宗教必然在人类政策设立之前先已存在并获得支持。另外，这也将削弱基督教的信奉者对其内在优越性及其创造者之恩赐的虔诚信心，并在那些仍然排斥它的人心中对相信其自身的优越性产生怀疑，尽管信仰者清楚地知道这种怀疑的谬误。

7. 因为经验见证，立教并不能保持宗教的纯洁和有效，其效果相反。在长达几乎 15 个世纪里，基督教的法律立教一直受到考验。它的成果是什么？在所有地方，多多少少都有教士的骄傲和懒惰，平民的无知和鄙俗，而两个阶层都存在迷信、偏激和迫害。如果询问基督教的传道士们哪个年代里基督教显示出最耀眼的光辉，那么每个教派都会指出在其与世俗权力结合前的年代。假如不恢复到依靠他们信众的自愿捐助的状态时，他们中的多数预计将会衰落。他们的证词应该如何被看待呢？何时符合又何时违背他们的利益呢？

8. 因为世俗政府的支持不需要这里所质疑的立教。如果主张它对世俗政府的必要性只是意味着政府是支持宗教的手段，而它对后面这个目的是不必要的，那么它对前面这个目的也是不必要的。如果宗教不在世俗政府的干预范围之内，怎么能说其法律设立对世俗政府是必要的？立教实际上对世俗政府具有什么影响？在某些例子中，它们被用来在公民权力的废墟之上建立政治暴政；在许多例子中，它们被用来维护暴政统治的宝座；没有一个例子表明它们曾作为人民自由的监护者。那些希望颠覆公共自由的统治者可能发现立教是便利的辅助手段，一个为了保障并维持公共自由的公平政府不需要它。支持这类政府的最佳方式是通过保护其人身和财产的同一只手平等保护每个公民享有其宗教，既不侵犯任何教派的平等权利，也不容忍任何教派侵犯其他教派。

9. 因为这项法案是对于我们慷慨政策的一项背离，而给那些受国家和宗教迫害和压制的人以避难所，正是我们国家的光辉所在，同时能以此增加公民。这项法案将是突然的堕落的一个令人悲伤的标志，不但不再成为被迫害者的避难所，我们国家本身也成为压迫的标志。它在相同地位的公民中贬低那些不屈从立法当局的宗教观念的人。它现在的形式可能还不太清晰，但探察下来就会发现这只有程度上的不同，这项法案将会是不宽容的第一步。那些在其他地区遭受这一灾祸的人们，将会把这一法案视作警标，从而去寻找其他的港口，在那里自由和博爱的环境才能够给他们提供一个栖息地。

10. 因为它会产生驱逐我们公民的倾向，其他情况产生的诱惑将会一天天减少他们的数目。通过撤销他们现在所享有的自由，增加一个新的向外移民的动机，将会产生使那些繁荣的君主国蒙羞和人口减少的相同的蠢行。

11. 因为它将摧毁众多教派之间的适度与和谐，这是我们的法律通过自我克制而不干预宗教所产生。世俗权力要通过禁止宗教见解的所有分歧而消灭宗教争吵的努力是徒劳的，反而使旧世界血流成河。不论在何处试验，每次放松狭隘的宗教政策都有助于减轻病症。美国这个舞台已经展示了证明，即平等和完全的自由能充分消除其对国家健康和繁荣的恶性影响，如果不能完全根除之。如果目睹这一系统的有益效果，而我们却开始缩小宗教自由，那么将没有言辞能够斥责这种蠢行，在凶险的改革的第一个恶果结出前至少应该采取警告。这项法案的到来将把最近所盛行的"基督徒的宽容，爱和慈善"变成难以迅速平息的憎恨和嫉妒。假如公共和平的敌人们拥有这项法律的权力，不是任何可怕的危害都可能产生吗？

12. 因为法案的政策是对基督教智慧的传播不利的。对于那些享受这份宝贵礼物的人，他们的第一个愿望就是它能被传播到整个人类。比较那些已经接受它的人和那些仍旧受错误宗教统治的人，前者的人数是多么少啊！法案的政策是否会减轻这种不成比例？不，它立刻将愈加阻止启示之光的陌生人进入它的领地，并通过以那些仍在黑暗之中的民族为榜样，帮助关闭通往智慧之门。带着卑劣和非基督的怯懦，这项法案不会尽可能消除真理在胜利前进中的障碍，而是将用防御之墙包围之，唯恐受到错误的侵害。

13. 因为试图用合法惩罚的手段推行法律，对如此大的部分的公民采取这种令人厌恶的手段，将会普遍地削弱法律并且松弛社会的纽带。如果被认为是不必要和没有益处的法律执行起来都十分困难的话，那么在这项被认为无效和危险的法律执行时一定会发生什么呢？而这样一个引人注目的政府的虚弱会对它的公共权威产生怎么样的影响呢？

14. 因为一个如此重大和敏感的措施在没有最显著的证据表明多数公民都在要求时不应该被采取。迄今人们还没有能提出一个令人满意的能够使得多数人的声音能做出决定或者确保其影响的方式，"各县的人民事实上在要求在采纳这项法案的事物表达他们的观点"，不管是代表还是各县的声音，只有他们的代表权平等分配时他们的声音才是人民的声音。我们的

145

希望是无论是前面的哪一者在深思熟虑之后都不支持法案的危险原则。如果事实让我们失望，那我们依旧充满信心，对人民的呼吁将会扭转这项违背我们的自由的裁决。

15. 因为"每个公民按照良心的命令进行宗教活动的平等权利"被认为和我们的其他所有权利具有同样地位。如果我们追根求源，它同样是大自然的造化；如果我们权衡其重要性，它对我们再宝贵不过；如果我们参照适用于弗吉尼亚公民并作为"政府依据和基础"的那些权利之宣言，它以同样的神圣程度或仔细的强调而受到列举。因此，或者我们必须说立法一直是其权力的唯一标准，且在许许多多这类权力中他们可以扫除我们所有的基本权利，或者他们受到限制，以使这项特殊的权利不受侵犯并保持圣洁；或者我们必须说他们可以控制新闻自由，可以取消陪审团审判，可以吞噬州的执法和立法权力——不仅如此，他们可以收回我们的选举权，并把他们建立为独立和世袭的议事院，或者我们必须说它无权将所考虑的法案制定为法律。我们信教者说，本州众议院没有这项权力，且我们自己不得对如此危险的篡权有丝毫松懈。

结　语

麦迪逊思想的特点和影响

　　综观麦迪逊的一生，他既是一个重要的政治家，也是一个伟大的思想家。他的思想总结起来有两个鲜明的特点：极为重视历史与现实经验，有着贯彻始终的平衡精神。这两者其实也是相互渗透的，重视经验的同时麦迪逊也对一般理论有深入的研究，并在需要的时候进行大胆的理论突破和创新，在探讨建立共和政体时使民主政体和代议制大胆结合就是一例。正因为长期从事政治实践，极为关注与当时美国形势相关的古今政治经验，麦迪逊对于政治实践中所需要的妥协和稳健精神有着极深的体认，并努力在互相冲突中寻找有原则的平衡，对众议院议员人数在蓄奴州的分配就是一例。重视经验但不拘泥于经验，寻求平衡但不盲目地妥协，麦迪逊思想的这两个特点在本书各章中都体现得非常充分。在此进行简要的总结。

　　在论述制宪的必要性时，麦迪逊首先提到现实中人们普遍感受到的邦联政府的种种缺陷，接着充分论述了人类历史上以召开会议来进行政体变更的历史经验，并比照这些经验，指出制宪会议推出的《联邦宪法》计划的难能可贵，以及频繁进行类似实验的危险性，最后根据美国当时所面临的实际情况指出制宪会议计划的必要性、合理性和正当性。在这之中，麦迪逊对于政治生活中的稳定、自由准确划分权力界限、政治实践中手段和目的之间的关系等一般性问题进行了充分探讨，充分表现出平衡精神。

在论述共和政府时，麦迪逊由共和政府最容易产生的党争现象开始，展开了他对于党争问题的经典论述。在对这一问题进行一般性的理论探讨时，他不时地诉诸现实经验。对于党争问题，麦迪逊提出采取代议制的大共和国的方式来控制党争的影响，充分体现了其平衡色彩。对联邦政府的联邦性和国家性的讨论中，麦迪逊以各州的实际经验，并结合一般理论进行了论述，充分证明了联邦政府的共和性质。

在论述应由邦联政府向联邦政府转变时，麦迪逊以渊博的历史知识充分论述了不同国家的邦联政体共同表现出的混乱和软弱，并从一般理论的角度指出了其症结，即统辖各成员政府的政府根本上是一种谬误。接着他根据美国当时的现实经验指出建立联邦政府的必要性和可行性，同时对历史经验和一般理论进行了论述。

在论述联邦政府的权力时，麦迪逊首先指出授予权力时有利因素和不利因素总会混合在一起，一项增进公众幸福的权力有被误用和滥用的可能，体现了他的平衡观念。在论述授予联邦政府的每一项权力是否必要和适当时，麦迪逊对于每一项权力的理论作用和现实中的相关经验都进行了充分的论述，充分证明新宪法授予联邦政府的各项权力都是必要且适当的。在讨论联邦权力和州权的关系时，麦迪逊结合历史和现实经验，从各个角度论述二者中州权所占有的优势地位，证明联邦权力不对州权构成威胁。在后来起草的《弗吉尼亚决议案》中，麦迪逊更是兼顾州和人民的自由与联邦的权威，充分体现了他的稳健和平衡精神。

在论述分权制衡时，他通过经验和理论探讨阐明了三权在政治实践中不可能绝对分立，并指出三权分立的真意在于不同部门的权力不能由一个主体同时独占。他接着从实际经验出发指出立法部门的篡权危险，并由此探讨共和政体的一般倾向。在讨论纠正办法时他根据实际经验和理论指出用偶尔或定期求助于人民的办法是不合适的，接着提出一个极具创造性的观点，即通过给予各部门的主管人制止其他部门干涉的必要法定手段和个人的主动性，以权力之间的相互制约而达到平衡，这无疑是一项十分重要的理论成就。讨论中他还提出了用相反和对敌对方的关心来补足带有缺陷的观点，而这正是他平衡精神的集中体现。

在论述众议院和参议院时，麦迪逊诉诸他国和各州的经验，讨论有关众议院的相关问题，指出众议院两年的选举间隔是必要和安全的，其暂时和未来的规模也是适当的，议员的选举是有利于人民的。在讨论众议院的议员名额在各州的分配及其是否随人口增加而增加时，他从不同的角度贯彻了以对立的利益实现制约而达到公正的原则。麦迪逊在对参议院篡权危险的讨论中，还提出了对于人性的一般观点："因为人类有某种程度的劣根性，需要有某种程度的慎重和不信任，但人类本性中还有其他品质，证明了人类的某种尊重和信任是正确的。"这其中蕴含的平衡精神也是显而易见的。

在论述宗教自由时，麦迪逊既诉诸历史上世俗权力确立合法宗教并限制其他宗教所引起恶劣后果的经验，也从宗教、宗教与社会及宗教发展一般原理的角度论述了维护宗教自由的必要性。

综上所述，麦迪逊在讨论重大问题时，大都会以古今经验为先导和依据。这既是探讨现实问题的自然需要，也充分体现了他务实审慎的思想风格。博览群书、勤于思考使得他在探讨理论问题时立论确当，论证严密，结论中肯，尽显一代思想家的风采。

制宪时期是麦迪逊一生思想最具创造力的时期，他的同时代人皮尔斯称赞"他把政治家的深谋远虑和学者的博闻强记集于一身。每当处理重大问题时，他在制宪会议中总是处于引导地位"。其后麦迪逊与他人合著的《联邦党人文集》更是被誉为"关于美国宪法的《圣经》"，问世后成为诠释宪法的最重要资源，也成为人们理解美国国父们制宪初衷的第一手资料。根据道格拉斯·阿代尔的考证，麦迪逊写作或合写了该文集中的二十九篇（第10、14、18—20、37—58、62—63篇），他这样评价麦迪逊的思想："他的伟大之处在于能将个人的有限知识置于其他年代人类经验的大背景下，从而扩展其政治建构的洞察力。"兰斯·班宁认为麦迪逊对美国现有政治制度的形成所作的理论贡献超过同时代的其他人。

由于担任总统时期政绩平平，很长时间内美国人对麦迪逊评价不高，但二战以后尤其是20世纪后半期，美国学术界日益注重对麦迪逊及其思想的研究。从1938年爱德华·伯恩斯的《詹姆斯：宪法哲学家》问世起，学者们开始深入研究麦迪逊的政治思想，他作为政治理论家的名声也开始上升。马丁·戴蒙德和其他一些学者指出："麦迪逊是一个现代思想家，他依赖制度机制疏导互相冲突的利益，防止非正义行为，而很少重视人性的高尚因素。"随着兰斯·班宁的《自由的圣火：麦迪逊与联邦共和国的建立》和杰克·雷科夫《最初的含义——宪法制定中的政治与构想》问世，麦迪逊作为卓越思想家的地位已然得到确立。时至今日，学界逐渐开始赞同这样的观点：麦迪逊不仅是美国独立革命时期和制宪时期学识最渊博的学者和深具创造性的政治理论家，放在整个美国历史中考查，此论依然不变。

附　录

年　谱

1751 年　出生于弗吉尼亚州金乔治县。

1769~1771 年　就读于普林斯顿新泽西学院（普林斯顿大学）。

1776 年　弗吉尼亚州制宪会议代表。

1777~1778 年　弗吉尼亚州政务委员会成员。

1780~1783 年　大陆会议中的弗吉尼亚州代表。

1784 年　弗吉尼亚州议会议员。

1785 年　提出宗教自由法案。

1786 年　参加安纳波利斯会议。

1787 年　任制宪会议代表，领导起草宪法。

1788 年　参与撰写《联邦党人文集》，任弗吉尼亚州宪法批准大会代表。

1789~1797 年　当选为联邦国会众议员，和杰弗逊创建民主共和党。

1789 年　起草宪法修正案前十条，即《权利法案》。

1794 年　与多莉·佩恩·托德结婚。

1798 年　起草《弗吉尼亚决议案》。

1799~1800 年　任弗吉尼亚州议会议员。

1801~1809 年　任美国第五任国务卿。

1801 年　协助杰弗逊总统购买路易斯安那。

1806 年　作为国务卿颁布禁运法案。

1809~1817 年　担任美国第四任总统。

1812~1815 年　领导第二次独立战争。

1816 年　成立第二合众国银行。

1826 年　任弗吉尼亚大学校长。

1829 年　担任弗吉尼亚州制宪会议主席。

1836 年　逝世于蒙彼利埃庄园。

主要著作

1.《联邦党人文集》（合著）。

2.《制宪会议记录》。

3.《麦迪逊文选（国务卿系列）》。

4.《麦迪逊文选（总统系列）》。

5.《麦迪逊文集》（盖拉德·亨特主编，九卷本）。

6.《教税抗议录》